The Cutting Edge of Cognitive Science

大人につきあう子どもたち
子育てへの文化歴史的アプローチ

越境する認知科学
日本認知科学会 編

4

JN028049

伊藤 崇 著

共立出版

「越境する認知科学」刊行にあたって

21世紀に入り，20年が経とうとしている。この間，認知科学は飛躍的な変化を遂げた。その結果，前世紀には存在しなかった，あるいはきわめてマイナーであった分野が，認知科学の表舞台どころか，中心に躍り出ることになった。

こうした分野の1つに「身体」がある。従来，身体は単に情報の入り口，認知の出口として捉えられてきた。しかしこの分野の展開により，身体は知性の重要なパートナーであることが明らかにされた。また「社会」，「環境」もそうだ。以前の認知科学は，個人の頭の中の働きを探る学問とされてきた。しかし，近年の研究は，社会と知性は二重らせんのように，よじれあいながら人を特徴づけていることを明らかにしてきた。そして「創造」，「創発」。あらかじめ決められたプログラムの実行としての認知ではなく，個と場との相互作用による創発，創造が認知の本質であることが示されつつある。

このような変化は，「越境」に支えられている。従来の研究領域，方法の境界を越え，他分野の研究者，そこでの知見との対話と協力が，認知科学を拡大，深化させてきた。越境先は，脳科学，ロボット科学，進化論，哲学，社会学，芸術，フィールドワークなどさまざまである。こうした次第でシリーズ名を「越境する認知科学」とした。

本シリーズの著者たちは，まさに越境を通して，新しい時代の認知科学を牽引してきた一線級の研究者ばかりである。野心的でありながらも，緻密な論理に貫かれた彼らの研究を通して，新時代の認知科学が明らかにした知性の姿を読者と共有できれば幸いである。

「越境する認知科学」編集委員会

はじめに

　本書のメッセージはシンプルだ。

「子どもは大人につきあっている」

　それだけである。

「そうですか，納得しました」という読者はいないだろう。「仕事に明け暮れた後の貴重な休日を費やして子どもが楽しみにしていた遊園地につきあうのは大人の方だ」とか，「終わらない夏休みの宿題につきあって夜の8時に問題を必死になって解くのは大人の方だ」とか。そういう経験をしたことのある大人は，「こちらこそ子どもにつきあっているのだ」と言いたくなるだろう。読者のその気持ちは，よく分かる。

　しかし，常識にそぐうことを言ってもつまらない。だからといって荒唐無稽なことを言っているわけでもない。

　子どもにつきあっている大人は，おそらく広い意味で「子育て」をしている人たちだろう。家庭で，養護施設で，保育園で，幼稚園で，学校で，地域で，大人は子どもを育てている。人間という種はそうして綿々と世代を重ねてきた。また，社会や文化は育てた子どもによって維持継承され，人間の歴史がいまもなお，そしてこれからも積み重ねられていく。言うまでもなく子育てとは人類の重要な営みである。

　大人はもちろんのこと，子どももまた，この子育てという営みにとって不可欠な当事者である。では，子どもの視点から子育てを見てみると，それはどのように映るのだろうか。子どもは「いま自分は子育てされている」と思っているのだろうか。

そう考えると,「あれ？どうだろう」と思えてくる。むしろ子どもは, 日々を気ままに生き, たまに大人と遊んで「あげている」だけなのかもしれない。自分のあずかり知らない理由で日々せわしなく動き回るこの目の前の大きな人は, ときに笑い, ときに怒り, ときに自分を背負ってどこかに移動し, ときに自分の口においしいものを運んでくれる。自分に対してそのようにしてくれる理由は分からないけれども, どうもこの人の行動にある程度合わせてあげた方が暮らしやすそうだ。もちろん自分には自分なりにやりたいことが別にあるのだけれど, つきあってあげよう。

　そんなことを当の子どもが実際に考えているかどうかは, もちろん, 第三者には分からない（本人も分かっていないかもしれない）。しかし, 想像は科学を牽引する。「子どもは大人につきあっている」というこのアイディアを補強する素材を探し, そこから帰結することを論じてみよう。認知科学や発達心理学の掲げる研究課題の範囲が広がるかもしれない。

　認知科学の重要な貢献の一つは, 一見すると「おろか」に見える人間の行動も, 実は「かしこさ」の現れとして理解できることを示した点にある。たとえば, ヒューリスティックと呼ばれる思考のプロセスに関する研究は, 合理的思考の難しさという人間の弱点を暴いた。一方で, そうした思考プロセスがあることによって, 人間は効率的に物を考えたり, 他の創造的な思考に注力したりできる。おろかだが, かしこい。かしこいが, おろかだ。そうした矛盾する存在として人間を描くのが認知科学だ, と筆者は思っている。

　筆者の関心は, 子どもが大人とともに組織するさまざまな社会的場面において観察される子どもの言語的・非言語的行動の発達過程にある。認知科学者は, 研究対象においてかしこさを見るわけだが, そのような態度で「子ども」なる存在を対象として眺めるなら, かれらはいかなる意味で知的存在と言えるのか。

確かに，子どものすることと大人のすることは，ある面で見れば，まったく異なる。たとえば，ことばだ。2歳と18歳の言語行動を比べれば，18歳の方が洗練されているように感じられる。しかし認知科学者は，2歳の子どもにも18歳とは異なる独自のかしこさを見て，知性の中身を言い当てようとする。

　本書は，大人と子どもがともに暮らす生活の場に足を踏み入れ，そこで起こる出来事とそこでの子どものふるまいについて，認知科学のある立場に立脚して分析することを目指す。この課題には，子どものかしこさの中身を具体的に示すことも含まれる。それは，必ずしも，大人がイメージするものとは限らない。乳児が示すかしこさは身体的なものかもしれないし，幼児のかしこさは大人の発想の斜め上を行くものかもしれない。本書は，私たちの社会が子育てのために組織した家庭や保育園といった諸制度における人々の生活場面の観察を通して，子どもの言語的・非言語的行動の中に見いだされるかしこさの内実を明らかにする。

　日常生活において，乳幼児期の子どもは，大人とともにいることを必然とする。1人では生きていけないからだ。家庭や保育園にいる大人は，子どもに対し，ご飯をあげ，服を着せ，風呂に入れ，散歩に連れ出す。これらの諸行為は全体として子育てという営みを成り立たせる。ここに列挙された行為からしても，「子育て」ということばには，子どもが大人から一方的に教育されたり管理されたりするイメージがつきまとっているように感じられる。「子育て」という営みの主語は大人であり，子どもではない。この背後には，大人を主，子どもを従とする見方が潜む。

　すると，子どもの呈するかしこさも，大人が支援してはじめて成立するもののように感じられる。子どもがかしこくふるまうのは大人のおかげ，あるいは，かしこくしてくれるのは大人のおかげ，という具合に。たとえ自由放任に子育てがなされたとしても，そう

するかどうかを決めるのは結局のところ大人の一存だ。大人と子どもの関係はかくも非対称的だ，そう思われている。果たしてそうだろうか。

　子育ては大人と子どもの相互行為として実現する。大人がかしこく見えるのは，相互行為を通して，子どものかしこさに助けられているからではないか。いくら大人が子どもと相互行為をしようにも，子どもが協力しなければそれは成立しない。子どもは大人のそばに「つきあって」「いてあげている」のかもしれない。そういう可能性をはじめから排除するのではなく，真剣に取り上げてはじめて見えてくるものを探ってみたい。十分にかしこい2人がかしこくやりとりをするのではなく，中途半端に動く2人が協働的なやりとりをどうにかこうにか進める過程にかしこさが垣間見える，そのように考えられないか。

　こうした発想は新しいものではない。かつてジェローム・ブルーナーが指摘したように，子どもと大人の相互行為は発達するシステムとみなすことができる。それは，時間経過にともなって相互行為の組織化に果たす大人の役割と子どもの役割が関連し合いながら変化するシステムである。このとき，かしこさや有能さと私たちが呼ぶものは，そのシステムが全体として発揮する機能の一つかもしれない。この考え方は古くはヴィゴツキーやレオンチェフなどソヴィエト心理学に遡ることができるし，80年代以降認知科学の主要なパースペクティブとして定着した状況的認知論（situated cognition）の基本的な考え方でもある。人間のかしこさとは，その状況において，状況の中に埋め込まれたさまざまな人工物や人々との緊密な連携によって組織されるシステムを通して現れるものである。本書の背後にはこの考え方がある。

　本書を読んでもらいたいのは，第一に，子どもにかかわる大人，すなわち，保育園や養護施設，幼稚園や学校，塾やさまざまな習い

事，クラブなどで子どもとかかわるすべての大人である。養育者は言うまでもない。第二に，子どもという存在に関心をもって勉強をしている大学生，大学院生である。第三に，人々のコミュニケーションや子どもの認知的な有能さに関心のある研究者である。

　まっさきに教育にたずさわる人々を挙げたのには，理由がある。子どもをしつけたり，教育したりするのは大人の役割である，というのはそうした人々の常識だろう。しかしそのとき，おろかな子どもをかしこくしてやろう，などと思い上がってはいけない。そもそも，しつけや教育というコミュニケーションが成立するためには子どもがそこに「適切に」参加していなければならない。コミュニケーションの場への参加者として，子どもと大人は平等なのである。

　本書は7章から構成される。1，2，4章は子どもの生活という具体的な文脈の中でのかれらの認知発達を分析する枠組みについて書かれている。3，5，6章では筆者自身による調査に基づき，家庭や保育園といった場での出来事やコミュニケーションの様子が記述される。最後の7章はまとめと展望にあてられる。

　書き手は読み手の読み方を強制できない。どこからでも好きな順序で読み始めていただきたい。ただし，具体的な分析の意味を知るには，やはり，1，2，4章の理論編をふまえておく必要はあるだろう。

　第1章で議論するのは，大人と子どもが協働して一つの出来事を作り出す際の子どもの有能さである。大人は，大人を相手にして子育てをすることはできない（それは端的に「大人育て」である）。その意味で，子育てには子どもの協力が欠かせない。子どももまた，子どもなりのやり方で大人との協働に参加している。しかし大人には子どものそうした協力が見えてこない。ここには，大人にとっての「死角」がある。それを克服するためには，両者の具体的で微細な身体の動きに注目するのがよいだろう。

第2章では，大人と子どもの協働活動を分析する方法論について論じる。第1章で述べられるように，大人と子どもの日常的なコミュニケーションがそれぞれの微視的な行動によっていかにして成し遂げられているのかを分析するための方法論が必要となる。本書では，社会学に由来する「会話分析」という方法論に活路を見いだす。

　第3章で論じるのは，家庭という最初の社会化の場で展開される養育者と子どもの間の会話である。それは，大人にとっては子育て活動を組織する主要な手段であるとともに，子どもが大人とともに行う最初期の協働である。そこでの会話を眺めてみると，大人たちの会話の中に入り込もうとする子どももいれば，そのそばで黙り続ける子どももいる。子どもの有能さは話し手となるときにだけ発揮されるのではない。周囲の人々の発話を黙って聞く子どもにも有能さを見いだすことができる。

　会話分析という方法論は，人々が相互行為する局所的な場面で起こる出来事の記述に強みを発揮する。しかしながら，子どもがある場面においてある特定の行動を起こした理由を理解するには，個々の行動だけを見ていては分からない部分が残る。そこで第4章では，精神発達への文化歴史的アプローチと呼ばれる方法論を導入し，子どもの日常生活に起こる出来事を，子ども自身の視点から記述するための方法論を論じる。さらに，それを用いて，現代の家族制度を組織する実践としての家族会話を理解する道を開く。

　第5章と第6章で扱うのは保育園という制度の中での大人や子どもたちのふるまいである。保育園とは家庭的な機能（子どもの保護）をもちつつ，学校的な機能（社会集団における生活を通しての子どもの教育）も備えた特殊な制度である。そうした制度において大人，すなわち保育者たちは，子どもたちを対象とした保育実践を行う。

第5章では家庭と保育園という異なる制度をまたいで生活する子どもを身体の水準でコントロールしようとする保育実践と，その実践に多様な行為で応答する子どもの姿を描く。具体的には，保育園のさまざまなイベントと連動して子どもたちが集団で一斉に声を出す「一斉発話」と呼ぶ出来事を取り上げる。私たちにとってもなじみのある出来事だが，これもまた大人と子どもの協働で成立していた。家庭での会話と同様に，子どもは微細な行為の調整を通してそこに参加し，全体としての一斉発話を達成させていたのである。

　第6章では保育実践の成立機制に子どもたちの行う「遊び」が重要な形で寄与していたことを示す。大人による活動で想定されていない，そこからは逸脱的な子どもたちのふるまいが，設定保育と勝手な遊びという二つの異質な活動を同時に成立させていた。保育という制度は単純なものではないし，また，そこに参加する子どもたちも単純に保育制度に適応しているわけではない。子どもたちは大人の活動につきあいながら，しかし，自分たちの生活領域をのびのびと作り出していたのである。

　第7章は本書のまとめである。子育てという活動を文化歴史的アプローチによって記述することがもつ認知科学的な意義について，また，「つきあう」という概念にこめられたインプリケーションについて論じる。最終的に，本書の冒頭で読者に投げかけた「子どもにとって『子育て』とは何か」という問いに答えていく。現時点でのそれに対する回答は単純なものとなる。

　ただしそこに行き着くまでに大人が直面する実践的な問題もある。それについて，ランシエールの「不和」に関するアイディアに依拠して一つの解決策を提起する。これまでの心理学や認知科学が対象としてきたのは，大人にとって扱いやすい子どもの側面ではなかったか。子どもには子どもの事情や欲望があるのであり，大人の意に沿わないことも多くあるはずだ。きちんと整序された理性の世

界からはこぼれ落ちてしまう側面を子どもの姿から理解する道筋を作ってみたい。

　本書は書き下ろしだが，いくつかの章はすでに発表された筆者の論文を下敷きとして大幅に加筆修正をしたものである。章と論文の対応関係は次のようになる。

第3章

- 伊藤崇 (2015). 幼児による家族内会話への傍参与の協同的達成. 『認知科学』，**22**, 138-150.

第5章

- 伊藤崇 (2001). 書き起こせない発話者：一斉発話の中の一人ひとりの声. 『日本認知科学会「教育環境のデザイン」研究分科会研究報告』，**8**(1), 20-26.
- Ito, T. (2004). Children's synchronization of utterance in the Japanese preschool. *Annual Report (Research and Clinical Center for Child Development, Hokkaido University)*, **26**, 45-55.

第6章

- 伊藤崇 (2011). 集団保育における年少児の着席行動の時系列分析：「お誕生会」の準備過程を対象として. 『発達心理学研究』，**22**, 63-74.
- 伊藤崇 (2014). 保育所での活動間移行過程における子どもたちによる呼びかけ行動の分析. 『子ども発達臨床研究』，**5**, 1-11.

　いずれも筆者の若かりしときに行った調査を元に書かれた論文である。時間の経ったそのような研究を「最新の成果」とうそぶくつもりはない。ただ，調査の対象は家庭や保育園といった今でも変わらずに存在する子育ての場で，おそらく今でも変わらずに行われている日々の実践である。だから，その成果は現代においても通じるはずだ。

　しばらくのほど，本書におつきあいいただければ幸いである。

凡　例

　本書に引用した断片的な会話は,「会話分析」(conversation analysis) という方法論で慣習的に採用されるいくつかの記号を用いて記述されている。

　会話分析とは社会学や社会言語学における方法論である。会話分析は, 会話において人々がいかなる社会的秩序を実現しているのかを明らかにする。そのため, 一般的な正書法には含まれない, 声や身体動作の多様な側面を転記する必要があった。そのための転写法を整理したのが, Gail Jefferson である (高木・細田・森田, 2016)。

　本書で引用した会話の多くは Jefferson の転写法に則って書かれている。ここで, そこで用いられる記号とその指示内容を挙げておく。より詳しくは, 西阪 (2001) や高木・細田・森田 (2016) を参照。

(1)　(　)　丸括弧

　①注釈

　②聞き取れない発話は, 単なる丸括弧やその中に点線を書くなどして示す。

　③内部に数値の入った丸括弧 (例:「(0.1)」) は, 誰も発話していない間 (ま) を示す。単位は秒。一瞬の間は「(.)」のように丸括弧の中にピリオドを一つ入れて表す。

(2)　((　))　二重丸括弧

　発話時の会話参与者の動作などに関するコメント。

(3)　[　]　角括弧

発話の重複を表す。角括弧で括られた箇所が上下の行で重複している。

(4) ＝ 等号

文末と文頭につける。それらの発話が途切れなく続いていたことを示す。

(5) Let MUM have her say! 大文字

相対的に大きな声による発話であったことを示す。日本語の場合は，該当の箇所に下線を引いて示す。

(6) ° °

相対的に小さな声で発せられた発話は「°」で括る。「°」の数が多いほど声が小さいことを示す。

(7) ? 疑問符

語末が上昇調で発話されていたことを示す。

(8) ¿ 逆向き疑問符

語末の上昇調を示すが，その程度が相対的に「?」で示すよりも低い場合。

(9) ↑ ↓ 上向き・下向き矢印

直後の音のピッチ（音の高さ）が急に上昇，あるいは下降していることを示す。

(10) : コロン

音を長く伸ばして発話していることを示す。

(11) >＜ 不等号

他の箇所よりも早い速度で話された箇所は「> <」で，他の箇所よりも遅い速度で話された箇所は「< >」で括って示す。

(12) h 呼気音

息を吐く音を示す。長さに応じて h を重ねる。

(13) .h 吸気音

息を吸う音を示す。長さに応じて h を重ねる。

目　　次

第1章 子どもは大人につきあっている？

大人ときたら，自分だけでは何もわからない。何度となく繰り返し説明してやらなければならないのだから，子供はくたびれてしまう。

サン=テグジュペリ 『新訳 星の王子さま』
（倉橋由美子（訳）宝島社 p.9 より）

1.1 授業につきあう子どもたち

　子どもは大人につきあっている。奇異な表現だと感じられるかもしれない。逆ではないか。つきあっているのは大人の方ではないか。常識的にはそうだろう。

　この見方を得たのは，ある小学校の先生が書いた文章からだ。その先生には大変申し訳ないことに，どこで見た文章なのかすでに忘れてしまったが，文章の要旨だけは鮮烈に覚えている。

　一般的に，小学校で教師が行う授業には，学習指導案と呼ばれるプランが用意されている。ただし，毎日毎時間の授業にそれが存在するとは限らない。とはいえ，指導案がなくとも，教師の中ではある程度，授業の「流れ」のようなものが想定されている。どのような問いを子どもたちに投げかけるか，どのような課題を出すか，どのような順番で指名するか，どのような結論が得られればよいとするか，などだ。

練りに練られたプランを用意していたとしても，子どもはときに，教師の想定の斜め上を超える。そのふるまいが他の子どもたちの予想外の反応をさらに呼び起こす。結果として，授業は教師の想定していた流れから外れたものになっていく。収拾がつかない。もうすぐ終業のチャイムが鳴る。次の時間は全校集会だ。うちのクラスだけ集合に遅れるわけにはいかない。教師はあせる。最終的に，当初のプランで想定されていた結論に近い子どもの反応をすくいとり，「今日の授業では『これこれ』ということが分かりましたね」と念を押して終わる。筆者の読んだその先生の文章では，このような授業に参加する子どもたちは「教師のひとり芝居につきあっている」と指摘されていた。

　かつて，ある小学校からの協力を得て，可能な限りすべての子どもの授業中の発話を聞き取ろうとして，一人ひとりに専用の IC レコーダを装着してもらったことがある（伊藤, 2012）。教室の後ろから観察していただけでは聞き取ることのできない，つぶやきのような小さな声を録音したかったのである。後日，録音を書き起こそうとしてヘッドホンから流れるつぶやきを聞いていて思ったのは，子どもにとって授業とは，授業であって授業でなく，授業でなくて授業である。そのようなあいまいな出来事である，ということだった。

　たとえば，ある子どもは教師が話をしている間，机の上に消しゴムをこすりつけ，大量の「消しカス」を作るのに夢中になっていたし，別の子どもは1時間の授業中見事に一言も発しなかった。こうした子どもたちの態度を悪く捉えれば「授業に参加していない」と記述してしまうかもしれない。

　しかし，そのように見える子どもが何もしていないかというと，そうでもない。授業が進行するまさにその間に，子どもたちはみずからの生活に逼迫した文脈を選び取り，その中で独自の課題を達成

しようとしていた。消しカスを作るのに夢中だった子どもはそれで練り消しを作ることがまさに第一の関心事だったのかもしれないし、一言も発しなかった子どもは学級の中で社会的に「浮く」ことのないよう慎重にふるまっていたのかもしれない。教室の授業は、さまざまな関心に方向づけられた複数の人々が構成する多層的な活動であり、教師が設定した授業やそれに関連した課題だけが唯一の文脈なのではない（榎本, 2012）。つまり、子どもたちにとって、授業とは授業であって授業でない。

　ただ、そうした子どもたちが授業に参加していなかったかというと、それもまた違う。なぜなら、消しカスを作ったり、無言を押し通したりすることは、教師や他の子どもたちが展開する授業という文脈を阻害するものではなかったからだ。授業が教師や子どもたちの交わすことばを通して成立するものである以上、それとは無関係な出来事が起こるとたちまち授業が授業でなくなる。その意味で、沈黙を守り、黙々と消しカスを作る子どもたちは授業なる活動の成立に協力的であったと言える。つまり、授業でなくて授業であった。

　簡単に言ってしまえば、授業とは、教室の中の子どもたちの有形無形の協力があってはじめて成立するものである。子どもたちによるそうした有形無形の協力を、本書では「つきあう」ということばで表現する。

　「つきあう」とは、私たちが日常的に使うことばだが、考えてみると面白い概念である。

　まず、私が「つきあう」のは他者の行動に対してだ。もちろん、自分自身に対して「つきあう」という表現を使うこともあるが（「難病につきあう」など）、それは自分に属する何かを「外的な異物」と見なし、それと共生することを意味する。

　次に、つきあった結果として具体的に取る行動は、相手の目的に

依存するという点で自由ではない。たとえば，友人の買い物につきあう私の行き先を決めるのはその友人であり，私ではない。一方で，つきあうかどうかを決めるのは私であるからには，それは自由な行動だ。つまり，私が「つきあう」とき，私は自由でありながら自由でない。

　最後に，私が他者に「つきあう」ことによって，その誰かとの協働という出来事の全体が完成する。「授業」という出来事は，言ってみれば，生徒としての子どもが教師としての大人につきあうことで成立する協働的なものである。

　まとめると，「つきあう」ということばの意味は，自分の欲求を抑制しつつ，他者の目的に沿って行動し，出来事の全体を完成させることだといえよう。

　そのような行動は精神が高度に発達した結果として可能になるもののように思われるかもしれない。「子どもは大人につきあっている」という表現が奇異に感じられるとすれば，そのことに起因するのだろう。子どもよりも，当然，大人の方が発達しているのだから。実際のところ，子どもの奔放な欲求につきあっているのは大人の方だ，と嘆息する読者が大半だろう。

　しかし，子どもは大人につきあっている。つきあっていなければ，小学校の授業が成立していないのがその証拠だ。そしてこのことは，児童期の子どものみならず，乳幼児期の子どもにも当てはまる，というのが本書でこれから述べていくことである。

　なお，「子ども」という概念が指し示す対象がどのようなものかは，次章で触れることになるが，簡単ではない。社会・文化・歴史的に「子ども」ということばで想起される対象やそれと関連づけられる活動が異なるからだ。現代の日本社会における諸制度は，暦年齢を共通の基準として，おおよそ15歳あるいは18歳未満の人間を「年少者」や「児童」としている。しかし，それがいつでもどこ

でも同じである固定された線引きではないことは，歴史を少し遡れ
ばすぐに分かる。

　本書が念頭におく「子ども」とは，そうした諸制度を用意する大
人が「子ども」として認識する対象を指す。それは，大人からの手
厚い保護を要し，大人の組織する社会的な諸活動の中心的メンバ
ーとはなりえない，要するに社会的に未熟な存在として認識された
存在としての「子ども」である。もちろん，特定の関係性において
は，20代の新人が50代のベテランから「子ども扱い」されるよう
な場合もあるだろう。しかしそれはあくまで比喩的用法であるため
除外する。

　本書で取り上げる先行研究や筆者自身の研究が対象としているの
は，おおよそ，乳幼児期から児童期に相当する子どもたちである。
暦年齢でいえば，0歳からおおよそ12歳頃までが範囲に含まれる。
身体的に成人の体格に届いておらず，精神的にも性的にも未熟だと
みなされる発達的な時期だ。

　本書を通して，そうした時期の子どもたちの未熟さは否定され，
むしろ社会的な意味で有能な存在であることが主張されていくこ
とになる。次節以降で紹介するように，子どもの未熟さよりも有能
さに注目する議論はすでにある。すると，最終的に否定される基準
によって対象を定義するというのはおかしな話だ，と思われるだろ
う。しかしそれでもなおその基準を採用するのは，私たちの社会に
は「未熟な存在としての子ども」を構造的に要求する諸制度が存在
しており（小学校もその一つだ），それにより当の子どもが不当に
扱われる場合もあるから，という実践的・倫理的理由による。そう
した事態を改善する上で，これから本書で提案することとなる子ど
も観が有意義なものになればと思う。

　それでは，「他者につきあう存在としての子ども」という考え方
について，もうしばらく検討していこう。

1.2 未熟さとは何か

　他者とつきあうためには複雑な精神機能が必要であり，子どもにはそれがないため，大人につきあうことはできない。このような考え方の背後には「子どもとは未熟な存在である」という認識がある。現在ではその逆に子どもに一定の有能さを見る認識の方が，少なくとも子どもの発達に関心をもつ研究者にとっては一般的だろう（たとえば，森口（2014）を参照）。

　とはいえ，まずは子どもを未熟だとする認識をしりぞけておく。なぜなら，いまもなおその認識が効力をもつ場面がいくつもあるからだ。たとえば，心理検査や教育のように，子どもの能力を評価し，それに基づいた介入を目的とする実践はその例である。

　子どもを未熟な存在として評価することは，二つの意味で社会的である。一つには，コミュニケーションの結果として，大人から見れば「未熟な」行動を子どもが行ってしまい，その本来もつ能力が正当に評価されないという事態である。もう一つは，私たちが「無能／有能」や「未熟／成熟」といった評価の観点を社会的に共有しており，その価値観にそって多様な人間を分類した結果として，人々が子どもを「未熟な存在」として扱うという事態である。

　第一の点については，マイケル・シーガルの展開した議論（シーガル，2010）が分かりやすい。彼によれば，コミュニケーションを通して子どもの能力を推測しようとする大人の試みは，大人からの質問に対する子どもの解釈の仕方や子どもの応答に対する大人の解釈の仕方によって歪められている。

　いわゆる「心の理論」の有無を推測する課題としてよく知られる誤信念課題というものがある。「マキシ課題」や「サリーとアン課題」などと呼ばれるものがそれだ。たとえば，お話の主人公が部屋を不在にしていたあいだに，お菓子やボールをしまっておいた場所を別の誰かに動かされてしまったとき，それを知らずに部屋に

戻ってきた主人公はどこを探そうとするだろうか，と子どもに問いかける。この質問に対する子どもの反応は，他者（ここでは，お話の主人公）のもつ信念を想像する能力，すなわち心の理論の有無の指標とみなされる。こうした課題を4～6歳の子どもに与えたところ，4歳児群の半数近くが誤った反応をしたことから，他者の信念を理解しはじめるのは4歳頃からだとされた（Wimmer & Perner, 1983）。

シーガルはこの結論に対して，子どもの能力が不当に低く見積もられていると批判した。彼によれば，子どもの不適切な反応は，大人からの質問の不適切さに起因するものだ。たとえば，サリーとアン課題の標準的な質問は「サリーはボールをどこに探しますか」というものである。ここには，ボールを探すチャンスは一度きりしかないなど，大人がもつ暗黙的な前提が潜んでいるのだが，シーガルはこの前提が子どもにはうまく伝わっていないかもしれないと指摘する。実際に，「サリーはボールを『最初に』どこに探しますか」と質問を具体化したところ，適切な反応をする3歳児が増えた（Siegal & Beattie, 1991）。このようにしてシーガルは，子どもがもつ潜在的な有能さが大人側の無知のせいで十分に評価されてこなかったと主張した。したがって必要なことは，子どもの考えていることを理解するのにふさわしいコミュニケーションの方法を大人が獲得することである。

第二の点に移ろう。私たちは「無能／有能」や「未熟／成熟」といった認識のためのカテゴリーをもち，それにしたがって社会を理解する。そのように考えると，「未熟さ」とはある個人に内在する性質ではなく，むしろ社会的な過程を経てその個人に帰属される何かとなる。ここからの帰結として，私たちは何者かを「未熟な存在」とあらかじめ見なすがゆえに，その行動の未熟な部分ばかり目についてしまう。McDermott らがかつて取り上げた，LD

（学習障害）と診断された Adam のケースはその最たる例だろう（Varenne & McDermott, 1998）。

1980 年代のニューヨークに住んでいた 9 歳の男の子である Adam は，読み書きなどに難があったため，LD と診断されていた。ただし，彼は何もできないわけではなく，学校では快活に話をし，バスケットボールがうまく，ドラムも演奏できた。また，たとえ失敗をしても気にしない場面もあった。たとえば，スパゲッティを「スピゲッティ」と言い間違え，それを他の子どもがからかっても，「だから？」と，はねのける力をもっていた。

彼が打ちのめされるのは，彼の処遇をめぐる教育上の諸制度により，その行動のある側面が「発達上の問題」として評定され，記録され，支援される場面においてである。代表的なのは，授業やテストといった場面である。たとえば，とある授業場面で Adam は "face" と書かれた単語を「フレイク」と読んだ。そこで教師は彼に正しい読み方を教えたものの，Adam は混乱してしまい，涙をためて教科書を向こうに押しやった。"c" を含む文字列は，LD と診断されていない者においても，読み間違いが起こりやすいものである（たとえば，"cat" の "c" は「キ」と発音する一方，"teacher" ではそれが「チ」となる。このように，語と発音の対応に関する規則は分かりにくい）。にもかかわらず，LD と診断されていた Adam の読み間違いばかりが，この授業場面ではひどく目立つものになっていたようだ。それはなぜか？

McDermott らは，Adam の「問題」は彼の中にあるのではなく，むしろある個人を「『問題』として見る」ための諸制度によって結果的に起こる出来事なのだと主張した。さきほどの授業では，読み書きという技術の獲得可能性をある人がもつかどうかを判定する諸制度が，Adam の「問題」を構成していた。McDermott はこの出来事を「LD が子どもを獲得する」（The acquisition of a child by a learning disability）と表現した（McDermott, 1993）。診断名が「子どもを捕らえる」という表現は，奇妙だ。この表現は，ある基準に該当する人間を LD として診断し，記録し，治療しようとする制度や道具，そして実際にそこに関与する人々が，ある個人を「網の目」に捕らえようとする様子をイメージさせる。Adam の居住する地域には特別支援教育のための諸制度があり，それらを適用するかどうかを判断するために Adam の具体的な行動が利用される。観察された行動は公式記録となり，教育課程の中にいる Adam を観察する人々にとって判断の基準として機能する。LD として記録されたとたん，Adam を取り巻く人々は彼を LD として説明すべく，さまざまなものを利用する。LD とは個人に内在する性質なのではなく，ある社会の諸制度の側にある性質である（Varenne & McDermott, 1998）。

　McDermott の議論は，逆の方向から考えることも可能だ。通常であれば未熟さや異常さの証拠となりそうな行動であっても，成熟した正常な人間（つまりは，普通の大人）が行えば，そうせざるをえなかった理由を精神的な未成熟や異常以外の部分に見つけたくなってしまう。マジックペンで汚した顔を見せられたイヌが自分の顔を鏡で見ても自分の実際の顔に前足を触れないとすれば，私たちは「鏡に映った像を自己像とみなす能力がイヌにはない」と結論したくなる。他方，もしも，それが人間の大人であって，なおかつ顔を手で触れなかったとしたら，そうしなかった理由をいろいろと思い浮かべ，その事実から「人間の大人には鏡像認知能力がない」とは決して結論しないだろう。だが，なぜ私たちはイヌがそうしなかった理由を探ろうとしないのだろうか（坂上, 2011）。私たちは，もちろんイヌの思考を想像できない。そもそも，私たちがイヌと人間をそれぞれ「未熟な存在」や「成熟した存在」としてカテゴライズすることこそが問題なのである。

そうなると，「子どもは有能だ」とする見方も問題視すべきかもしれない。その見方は「子どもは無能だ」とする見方の裏返しであり，事実を記述したものというよりも，考え方を表したものだ。ただ，子どもを有能とする見方が無能とするそれよりもすぐれているとすれば，子どものどんな些細な行動でも，決して無視せず，詳細に調べようとする動機を私たちに与えてくれる点，さらに，私たちがどのようなときに子どもの有能さを見いだすのかを自覚させてくれる点にあるだろう。そして実際に，そうした見方が，後で述べるように，大人の「死角」にあった子どもの新たな側面を明らかにする上で役に立ったのである。

1.3　有能さとは何か

　子どもは有能な存在であるという認識は，現代ではむしろ子どもを対象とする諸科学に共有された考え方だろう。

　そうした考え方を積極的に探求し，社会的普及に努めてきたのが心理学であった。心理学では，発達初期の子どもの知性を見いだそうと，新しい実験手法が開発され，子どもの，あいまいで些細な行動を「有能さ」の現れとして理解しようとする努力が積み重ねられてきた。生後半年までの間に視覚的な形の違いを弁別できるようになることを示した Fantz（1958），新生児が目の前の大人の口の動きを真似するような動作をすることを示した Meltzoff & Moore（1977），物理学的にありえない物体の状態や動きに対して生後4ヵ月頃の子どもが驚いているかのような反応をすることを示した Baillargeon, Spelke & Wasserman（1985）や Spelke, Breinlinger, Macomber & Jacobson（1992）は，その歴史の中でエポックメイキングの役割を果たしてきた。

　発達心理学者たちが見いだした子どものこれらの行動は，なぜ「有能さ」の一面として理解されたのだろうか。そもそも大人が子

どもに有能さを見いだすのは，どのようなときなのだろうか。少なくとも，三つの基準を想定することができそうだ。

　第一に，大人の有能さと同じようなそれを子どもが示したときである。大人が行うような仕事を子どもが仕上げたとき，大人は，「小さいのに偉いね，すごいね」と感心する。同じように，大人と同じような認識の仕方やふるまい方をした場合，大人はそこに自分の似姿を見る。言ってみれば，子どもは「小さな大人」である。これを，「類似性基準」と呼んでおこう。

　第二に，大人とは違う有能さの姿であっても，そこに子どもなりの，大人にも理解可能な合理的な知性を見いだしたときである。そのようなことを最初に行ったのが，発達心理学者のジャン・ピアジェだった。彼は，一見すると未熟さの証拠として分類されそうな子どものさまざまな行動を，それぞれの発達段階における思考様式から生じる合理的な帰結として解釈する理論枠組みを提供した。

　たとえば，有名な液量保存課題というものがある。同形の二つのビーカーに同量の水が入っているのを子どもに見せたあとで，一方のビーカーの水を細いメスシリンダーのような容器に移し，もとのビーカーと比べて液量が変化したかどうかを尋ねるというものだ。3歳児に実施すると，移した後で水の量が変わったと答える子どもがいる。その子にしてみれば，移した後の容器の方が水面の高さが高いのだから多くなったのかもしれない。子どものこのような回答は大人から見れば確かに誤答なのだが，子どもの視点からすれば合理的根拠をもつ。このように，何らかの合理性を大人が子どもに見いだすときの判断基準を「合理性基準」と呼ぼう。

　そして最後の三つ目が，大人が子どもによって助けられるときである。子どもには子どもにしかできないことがある。それは大人の行う行動とは異なるし，けっして合理的とは言えないものかもしれない。しかし，子どもがある行動を行うことで，大人が達成しよう

とする出来事が成立することがある。このとき大人は，「ありがとう，助かったよ」と言いながら，子どもに有能さを見いだす。これを，「相補性基準」としよう。

第1節で挙げた，教室の中で教師の「ひとり芝居」につきあう子ども，すなわち大人につきあう子どもとは，第三の有能さを発揮した子どもの姿である。子どもが「生徒」という役割を引き受けなければ，それに相対する大人が「教師」になることもできない。逆もまたしかり。その意味で相補的なのだ。この後，本書で議論することになるのは，いずれもこの「相補性基準」から見た子どもの姿である。

先に否定したはずの「子どもは未熟な存在である」という考え方は，相補性基準から見た子どもの有能さを逆にあらわにする。子どもが未熟であるという理解に至るためには，大人がもつ有能さを子どもがもたないと確信するためのさまざまな手続きを経る必要がある。それを実施する際には，当の子どもが実際に何らかの行動をしなければならない。心の理論の有無を調べるための誤信念課題や，Adam の問題が見いだされた授業は，子どもの「未熟さ」を観察可能にするための手続きだった。その手続きの結果として「未熟さ」が見いだされたとしたら，そのとき子どもは大人による一連の手続きを成立させるという有能さを発揮していたこととなる。言い換えると，子どもは大人の試みにつきあってくれている。

この有能さは，子どもがさまざまな人々とともに何らかの社会的なつながりを組織する際に機能するものだ。既存の専門用語を使えば，「社会性」（sociality），あるいはもう少し厳密に言えば，「向社会性」（prosociality）と呼ばれる概念が近いかもしれないが，ぴったり同じではない。その有能さは，社会を組織する際に起こるふるまいの背後や，そのようにふるまう人の中に原因としてあるのではない。本書で最終的に結論することになるのだが，そうしたふるま

いが社会の中にそのようなものとして出現することそのものが「有能さ」なのである。

1.4　ケアの中の有能さ

　本節では，つきあうということばで表現しうる，相補性基準から見た有能さを理解するために必要な観点についてもう少し詳しく説明しておく。

　子どもが他者につきあい，一つの出来事を完成させる。これが相補性基準から見た有能さである。相補性基準から見た子どもの有能さが発揮される場面はいろいろとありうる。

　たとえば，医療場面がそうだ。病院に行きたくてたまらないという子どもはなかなかお目にかからない。反対に，大人に連れられてしぶしぶやってくるのが普通だろう。子どもは病院に用事がない。病院に用事があるのは大人なのである。「医者に子どもを診てもらう」という用事があるからこそ，大人は子どもを連れて病院に足を運ぶ。他方で，医者の仕事は，子どもを診察することだ。もちろん，子どもがその場にいなければ医者の仕事は完了しない。

　このとき子どもは，大人や医者の用事につきあっている。子どもがつきあわなければ，大人たちの用事は完了しない。このとき子どもは相補的な有能さをいかんなく発揮しているといえるだろう。「大人が医者に子どもを診てもらう」や「医者が子どもを診る」という出来事が成立するのに不可欠な役割を当の子ども自身が完遂しているからだ。

　もちろん，完遂の仕方はさまざまである。病院へ行くまでの間に徹底的に抵抗し，医者の前に座るときには親子ともどもくたびれ果てている場合もあるだろうし，おとなしく腕を出して注射を我慢する子どももいるだろう。ただ，いずれの場合でも，何らかの出来事が協働的に成立しているならば，結果として，子どもは有能さをも

ってそこに関与している。

　相補的な有能さを発揮するのは子どもに限らない。相補性基準での有能さを，大人を対象としたケア場面を事例にして言い当てているのが，認知症高齢者の暮らすグループホームでの，入居者と介護者による日常を描いた細馬（2016）である。

　「介護」というと，私たちは円滑な生活動作の困難な高齢者に対する一方向的な支援を思い浮かべる。しかし細馬はそうしたイメージを覆そうとする。たとえば，車いすに座った高齢者がベッドに移動するのを介助することがどのように成し遂げられているのか。その様子を撮影したビデオを用いて詳細に分析したところ，高齢者と介護者のお互いの身体の間において，小さな失敗とそれに基づいたわずかな修正が連鎖することによって介助という出来事が成立していたことが明らかになった。

　車いすからベッドに移動するには，高齢者はいったん立ち上がらねばならない。ここで介護者は無理にその体を引き起こすのではなく，あくまでも立ち上がろうとする高齢者の補助をするようにその体をそわせる。その際に介護者がかけた「いち，にい，のー，さん，ハイ立って。立つよー」（細馬，2016, p.259）というかけ声には「立つ」ということばが2回現れる。「立つ」が繰り返されたその瞬間に，立ち上がりとその介助という協働作業の小さな失敗と修正が起きていた。背もたれから高齢者の背が離れると，介護者はすかさずそのすき間に腕を入れてズボンを引っ張り上げる。高齢者は車いすのアームレストの先の方を手で握り，腰を少し浮かす。しかしバランスが悪いのか，腰が落ちてしまいかける。この瞬間，二度目の「立つよー」が発せられる。ビデオをコマ送りして2人の動きをよく見ると，先ほどよりもしっかりと自分の体重が支えられるように高齢者はアームレストを握り直し，介護者もズボンをより強く引っ張り上げる。このような微細な動きが事前の打合せもなく現

れて，結果的に，高齢者によるベッドへの移動という出来事が完遂
されていたという。

　高齢者と介護者という2人の関係が，子どもと大人の関係にな
ぞらえられる，と言いたいのではない。ここで注目したいのは，一
見すると1人がもう1人に向けて一方的にはたらきかけて起こる
ように見える「介助」という出来事が，双方の協働の結果として成
立しているという点である。高齢者が行うのは立ち上がるという行
動であり，他方，介護者が行うのは高齢者の腰を引っ張り上げると
いう行動であった。それぞれの行動はまったく異なるが，相補的に
動き合うことにより，車いすからベッドへの移動という出来事が成
立していた。

　このとき高齢者は，介護者の介助行動につきあっているといって
もよいだろう。もちろん，介護者が高齢者につきあっているという
こともできるし，実際のところはそれが当事者の感覚に近いかもし
れない。しかし高齢者が介護者につきあうという見方がそれで無効
化されるわけではない。つきあうことは，双方向的であるからだ。

1.5　本を読むという協働

　細馬は，二者による動きの微細な協働過程として，2人で1冊の
本を読むという活動も分析している。大人同士で1冊の本を一緒
に読む機会としては，料理を選ぶためにレストランのメニューの
書かれた冊子を同席した人々がのぞきこむというものがある。細馬
（2014）は，2人でメニューの冊子を眺めたり読んだりする際に，
ページをどのようにめくるかという問題をたてている。私たちは
ふだんの日常会話において，誰がいつどのように話し始めるか，ま
た，その話し始めは会話に参加する人々にとって予測できるのか
という問題にいつも直面している（Sacks, Schegloff & Jefferson,
1974）。同様に，複数の人々が1冊の冊子を共有するとき，誰がい

つどのようにページをめくるか，そのページめくりのタイミングは予測できるのかということが問題となる。もし，1人が自分勝手なペースでページをめくってしまったら，他の人は料理を満足に選べないかもしれない。したがって，どのようなタイミングでページをめくっていくかは，同席する人々にとって関心事の一つとなる。

　そこで細馬は，お互いに知り合いの大学生にペアを組んでもらい，架空のメニューの書かれた冊子をめくりながら料理を選ぶという課題を行ってもらった。すると，「ページをめくっていい？」などのように，相手にはっきりと確認することなく，ペアで1枚のページをめくることを成功させる一連の相互行為が観察された。これは考えてみれば不思議で巧みな出来事である。

　2人で一緒にページをめくるという協働はいかにして成し遂げられていたのか。ページをめくるには，さまざまな動作の可能性がある。紙の面に指の腹や手のひらを「引っかけ」，紙を「たわませて」めくる動きもありうる。複数のページを「手でつかんで」めくり，一気に中途のページを飛び越すこともできる。あるペアにおいては，1人がページの隅の方を指先で少しだけ「つまみ」，その状態をいっとき維持しながら，相手との会話を続け，その間に，もう1人がつままれていない方の端へと手を「すべらせ」，2人が同じページの両隅を同時に「持ち上げて」ページをめくるという一連の複雑な相互行為が観察されたという。本書が取り上げる主題に引きつけて言えば，2人は相補的に行動していたし，互いに相手の動作に「つきあって」いたと見ることができる。

　ここで起きていたのは，どのタイミングでページをめくるかを指先で交渉する微細な相互行為だった。この微細な交渉は，実験参加者がこのとき抱えていたはずのいくつかの課題を解決する過程として実現していたものだ。第一に，実験参加者に課されていた，各自で料理を選ぶという課題である。第二に，相手の面目をつぶさずに

第一の課題を達成するという課題である。ペアの相手は知り合いであり，この実験が終わっても関係し続ける必要がある。そのような人に対し，架空の設定とはいえ，無遠慮にふるまうわけにはいかない。つまり，気を使う必要がある。

　そして，第三の課題は，第一や第二の課題を達成するために，1冊のメニューを2人でめくっていくという具体的な水準におけるものである。この第三の課題は，第一と第二の課題を完遂する中で現れる。それらが何の脈絡もなく出現することはありえない。実験参加者が完遂しようとしていた課題が何であるか，具体的な動作がそれらのうちどの課題と関連して現れているのか，そうした観点から一連の指先の動きを分析することが可能である。

　また，それらのすべての動きにはそれぞれ条件がある。ペアの1人がページのどちら側の端をつまむかは，その人がメニューを前にしてどこに位置しているかに依存する。実際のレストランならば席を挟んで相手の反対側からのぞき込んでいるかもしれない。さらに，利き手はどちらか，めくろうとするそのページのどの部分を直前まで指さしていたかによっても，つまむ端の位置やつまみ方が変わってくるだろう。また，つまむ対象であるメニューの材質によってもつまみ方は変わる。それがラミネート加工された滑らかな紙なのか，堅いボール紙なのか，薄く割れやすい経木のようなものなのかによって，つまもうとする指やそれを支える手の動きは異なるだろう。つまり，複数人で1冊の本を読むという出来事を，具体的な水準で記述しようとすれば，少なくとも，人々がいかなる作業をしようとしていたのかという関心の対象と，その作業を具体的に遂行する際の身体的，物理的な諸条件を見なければならない。

1.6 読み聞かせという協働

　2人が1冊の本を協働して読む。そのような出来事は，子どもの生活世界にも見られる。子どもに対して大人が絵本を読み聞かせるという出来事がそれだ。

　これまで多くの認知発達研究者が絵本の読み聞かせに注目してきた。大人と子どもの間の共同注視の成立，三項関係に基づいた対象指示の仕方の学習など，子どもが大人の支援を受けながら世界を理解したり言語を習得したりする過程を観察するのに適したフィールドとして広く認識されている。

　研究者たちの多くが関心を寄せてきたのは，子どもにおける言語獲得や情動発達という変化だった。ブルーナーたちは，一組の母子が読み聞かせをする様子を縦断的に追跡している（Ninio & Bruner, 1978）。次の断片1は，母親が1歳1ヵ月の男児に絵本を読み聞かせている場面である。

【断片1】
1　母：見て！【声で注意をひきつける】
　　　　Look!
2　子：（絵に触れる）
3　母：これは何？【質問】
　　　　What are those?
4　子：（声を出し，ほほえむ）
5　母：そう，ウサギだね【フィードバックとラベル付け】
　　　　Yes, they are rabbits.
6　子：（声を出し，ほほえみ，母の方を見上げる）
7　母：（笑う）そう，ウサギ【フィードバックとラベル付け】
　　　　Yes, rabbit.
8　子：（声を出し，ほほえむ）

9　母：そう（笑う）【フィードバック】
　　　　Yes.

（Ninio & Bruner, 1978, pp.6-7 より。行番号を追記し，表記を一部改めた。丸括弧内は動作を，隅付き括弧（【　】）内は発話の機能を表す。筆者による日本語訳とともに元の表現も併記した。本書の以下の断片においても同様）

　この相互行為には，いくつかの特徴を指摘できる。まず，母親の行動の機能上のバリエーションの少なさである。読み聞かせ中の母親の行動は，声で注意を引きつけ，質問して，対象にラベル付けをし，フィードバックするという四つの機能をもつものに限定されていた。次に，これらの機能をもつ発話が繰り返し現れ，サイクルを形成していた。ブルーナーは，定型的要素を「フォーマット」，反復構造を「ルーティン」と呼んだ。最後に，母子が同じ絵を見ることにより文脈が共有されやすい点もその意味で重要である（ブルーナー，1988）。

　親子の相互行為を特徴づけるこうした定型的な構造は，子どもの言語獲得を促進するものと考えられてきた。定型的構造は，子どもにとって，「次に何が起こるか」という予測可能性を高める。子どもが母親の発声を部分的に模倣する上でこの予測可能性が大きく貢献する。タイミングをうまく予期できるようになった結果，同期的な発声も見られるようになる。ブルーナーは，母子間相互作用のもつ「言語獲得支援システム」（language acquisition support system）としての機能をこうした特徴に見いだした。

　確かに，読み聞かせの際に大人が行う行動は，ある視点で眺めるならば「言語獲得の支援」なのかもしれない。しかし，当の大人の視点に立つならば，子どもと協働して一つの出来事を成立させることこそが関心の対象である。読み聞かせをする大人は，端的に絵本

を読み聞かせているのであり，ことばを教えているのではない。言い換えると，大人は子どもの言語発達を促そうと思って子どもと一緒にいるのではない。あくまでも，一緒に暮らし，一緒に何かをした結果として，子どものことばが発達する。

　「大人につきあう子どもの有能さを明らかにする」という本書のねらいからすれば，ここでたてるべき問いは，「大人がいかにして子どもの言語発達を支援するか」ではない。問いはむしろ，「大人と子どもが協働して絵本を読む際におのおの何をしているのか」，「子どもはどのような行動を通して『大人が子どもに絵本を読んで聞かせること』を実現しているのか」，逆に「大人は自分の仕事を完遂するために子どものどのような側面を手がかりとして行動しているのか」といったものである。子どもが一緒に絵本をのぞきこんでくれない限り，大人はいくら絵本を広げても読み聞かせをすることはできない。子どもが目の前に広げられた絵本へと顔を向けると，大人はそれを利用して読み聞かせという課題に手をつけ始めることができる。

　読み聞かせという出来事は，大人と子どもの相互行為の総体として生起する。読み聞かせというと，ともすると大人が主導的に進めるもののように思われるが，実際には子どももまたそこに能動的に関与している。細馬（2014）が採用していた分析の視点で読み聞かせを眺めるなら，この出来事は大人と子どもによる多様な動作によって構成される。フォーマットやルーティンとしてカテゴリー化される行動は，実際には，それらを可能にするさまざまな物や大人と子どもによる微細な動作の複雑な集積として出現する。

　そもそも絵本という文化的な人工物は，はじめから子どもの関心の対象となるわけではないだろう。すると，子どもへの読み聞かせという仕事を大人が完遂するためには，まずもって，子どもの注意を絵本に向けるという仕事が必要となる。そして，その仕事を完了

させるためには，子どもの能動的な関与が求められるのである。

　Heller & Rohlfing（2017）は，2人の子どもとそれぞれの母親を対象として，家庭内での読み聞かせの様子を生後9ヵ月から2歳まで縦断的に調査した。その結果，読み聞かせが親子の相補的な動作を通して協働的に達成される過程が観察された。

　詳細に見ると，そこには四つの「ジョブ」があったという。ジョブとは，読み聞かせという出来事を成り立たせるのに必要な下位目標を指す。それらは，順に，ジョブ1「視覚的な情報を有用な手がかりとして成立させること」，ジョブ2「探索領域を設定すること」，ジョブ3「ターゲットを探索すること」，ジョブ4「指示対象の解釈」と名付けられた。

　ジョブ1とは，大人と子どもがそれぞれ視覚的手がかりを利用可能にすることである。大人は子どもを含む環境に無数にある情報のうち，視覚的情報をその場における有用な手がかりとして立ち上げなければならない。ここでは指さしが有効な手段となる。一方で子どもは，指さしする大人が示す対象に注意を向けたことを何らかの仕方で外的に示さなければならない。たとえば，同じ場所を指さす，あるいは大人の顔を振り返って見るなどの行動によって，子どもの「気付き」が大人に示される。こうしてはじめて，視覚的対象がその場での相互行為に関連をもつようになる。次いで，ジョブ2では，指さしの受け手が視覚的に探索する範囲の限定がなされる。読み聞かせであれば，注意の対象が本全体なのか，それとも特定のページなのか，それともあるページの中の特定の絵なのかが絞り込まれる。ジョブ3は，注意のターゲットが何であるかを特定しようとすることである。たとえば，断片1の2行目を見ると，子どもが絵に手で触れている。これにより，母親は子どもの注意が特定のページの特定の絵に絞られたことを理解することが可能となる。つまりジョブ2から3にかけて，徐々にターゲットが絞り込

まれていく。そしてジョブ4において，特定されたターゲットの解釈がなされる。

　従来の発達研究は，世界についての共通理解や間主観性が子どもと大人の間にいかにして成立するかという認識論的問題を集中的に取り上げてきた。この文脈では，研究者の焦点はジョブ4のみにある。しかし，1〜3のジョブもまた読み聞かせという出来事を完成させる上では必要な要素である。特に，子どもが行う動作がなければ，母親は読み聞かせを続けることができないか，何か別の出来事を展開させなければならなくなるはずだ。断片1での読み聞かせでいえば，1行目から5行目の間に，上記の四つのジョブが親子の間の相互行為として展開していたものと推測される。

　子どもに対する読み聞かせという出来事を成立させる当の人々による協働の具体的過程やその思惑に目を向けてみる。こうして，人々の微細な行動を見ることは，読み聞かせという出来事に対する発達研究者の視野を広げるのである。

　相補性基準に立って子どもの有能さを記述するためには，大人と子どものやりとり，堅く言えば相互行為の細部に入り込む必要がある。それは，読み聞かせの分析で見てきたように，身体的なものであり，道具を介したものであり，何より言語的なものである。それらをひっくるめて，子どもが他者とともに協働して活動する際に展開される出来事をつぶさに見ていく。その過程で，これまでは大人の視界の「死角」になってしまっていた子どもの有能さなるものの実像が明らかになるだろう。

1.7　大人の死角

　相補性基準のもとで子どもの有能さに注目することは，簡単なことではない。なぜなら，多くの大人は自分たちを子ども抜きでも有能だと考えており，自分たちのすることが子どもの有能さに支えら

れているとはなかなか考えにくいからだ。相補性基準において子どもの有能さを観察する際の方針として，大人にとっての「死角」に焦点を当てるべきだろう。大人にとっての死角には，少なくとも次の三つが指摘できる。

　第一に，文字通りの死角，すなわち大人の視界から外れた出来事である。もしも子どもの有能さが大人の視界の外において発揮されているとしたら，大人がそれに気付くのは当然難しい。大人が死角での出来事を知るには，観察の場所を移動させるしかない。有効なのは，自分を取り巻く環境全体を観察するための方法を採用することだろう。鏡を使えば，死角となっていた自分の背後を観察できるし，ビデオカメラで撮影すれば，鏡でも見えなかった死角や過去の出来事も観察可能となる。こうして，大人が1人で成し遂げているように錯覚された出来事が，大人の死角にいた子どもの動作によって成立していたと記述できるようになる。

　第二に，大人の認知的な傾向によって知覚や記憶からこぼれ落ちる出来事である。認知科学の領域ではよく知られた話だが，人間の記憶や意志決定は必ずしも実際の現実や合理性に基づいているわけではない。したがって，「子どもは大人の有能さに寄与していない」という知識をもつ人が過去の出来事を思い出そうとするなら，想起の語りは大人を主体，子どもを客体とするものとなるだろう。たとえば，成長した子どもに対して親戚の大人が言う「この私がおまえのオムツを換えてあげたんだよ」という語りにおいて，大人が主体，子どもは客体となる。これは，当の大人にとっての常識には整合的だ。しかし，過去にさかのぼってオムツ換えの現場を詳細に観察できたなら，先に取り上げた高齢者介助における協働作業のように，オムツ換えも大人と子どもの二者間の微細な協働作業によって達成されていたかもしれない。たとえば「子どもがみずから足を上げる」という動作を手がかりとして大人はようやくオムツ換えが

できていたのかもしれないのである。しかし，そうした協働は大人の想起に現れにくいだろう。大人の常識には整合的でないからだ。

第三は，子どもをその対象とする制度的実践（institutional practices; Hedegaard, 2001）に大人が従事するときに生じるものである。制度的実践とは，ある社会や文化の伝統的な制度によって方向づけられた，人々による実践である（制度的実践については，第4章であらためて述べる）。

子どもを対象とする制度的実践には，広い意味での子育てや教育，医療場面や福祉制度におけるケア，子どもを相手としたレクリエーションやエンターテインメントなどが含まれる。これらの実践を設計し，実現させようとする意図をもつのは大人だ。子どもは，実践に必要なピースとして，当の子どもの意志にかかわらず，そこにはめ込まれる存在となる。これらの実践の多くが設計段階で前提とする「子ども」とは，社会化の途上にあって庇護されるべき存在である。この前提のもとでは，容易に，「有能な大人」対「無能な子ども」という対比的なカテゴリーが認識の枠組みとして機能しうる。結果として，これらの実践が出来事として成立する際に機能しているはずの子どもの有能さに目が向けられにくくなる。

これらの制度的実践を特徴づけるのは，大人と子どもの間でなされるコミュニケーションの「非対称性」と，実践における子どもの「未当事者性」である。

非対称性とは，コミュニケーションに関与する者が役割を交替できない状態を指す。対称的な関係性に基づいたコミュニケーションでは，相互に役割が交代しうる。しかし非対称性な関係性では，それができない。たとえば，授業という制度的実践では，多くの場合，教える役割は大人（教師），教えられる役割は子ども（生徒）に割り当てられ，その間で交替しない。

未当事者性とは，ある者が実践の当事者であるにもかかわらず，

当事者として声を上げる能力をもたない存在として扱われる状態を指す。教育にせよ，ケアにせよ，エンターテインメントにせよ，子どもの身体的あるいは心理的な状態がそれらの実践における関心の対象である。したがって，子どもが「非当事者」であることはありえない。しかし，子どもが「当事者」としてみずから声を上げることは，そうした実践を組織する大人ははじめから想定していない。このとき子どもを，当事者に「いまだ」なりえていない，という意味で「未当事者」と呼ぶことができるだろう。

　子どもを対象とした医療場面は，非対称性と未当事者性が見えやすい事態の一つだ。断片2を見てみよう。これは，オランダに住む10歳の女の子が母親とともに診察に訪れた際の会話である。1行目で医者が子どもに話しかけるものの，2行目で子どもが黙ったのを見かねたのか，3行目以降は母親が代わりに説明をし始めた。

【断片2】

1　医者：こんにちは，ローズ。どうしたの？
　　　　　Hello Rose, tell me what's up

2　子ども：（沈黙）

3　母親：ええと（沈黙）この子最近ずっと調子が悪くて
　　　　　well (pause), Rose has not been feeling well for quite a long time

4　医者：おや（（といってローズを見る））
　　　　　oh

5　母親：のどが痛いんです
　　　　　she has a sore throat

6　子ども：このあたりがとっても痛いんです
　　　　　I have a sharp PAIN over here

7　母親：そうね（沈黙）この子は先週から（割り込まれる）
　　　　 yes (pause), and last week she (interrupted)

8　子ども：先週？
　　　　 last WEEK?

9　母親：お母さんにもしゃべらせてちょうだい！
　　　　 Let MUM have her say!

(Tates & Meeuwesen, 2000, p.157 より。日本語訳は筆者による。引用に際して行番号を追加した)

　断片2で示された会話には，会話参与者の間にある二つの非対称性が示されている。一つは医者と患者（子どもと母親）の間の非対称性であり，もう一つは母親と子どもの間のそれだ。問いかけが許されているのは医者であり，患者ではない。また，母親の発話に割り込んで発話することが子どもには許されていない。ということは，この場面において子どもは二重に非対称的なコミュニケーションに巻き込まれていたこととなる。

　一方，子どもの未当事者性は母親の発話から見て取ることができる。この会話を読む限り，医者の方は，自分の経験を語りうる存在として子どもを扱おうとしていた（1行目，4行目）。子どもの名前を呼びかけたり，視線を彼女に向けたりしていたのはその現れとして理解できよう。一方で母親の方は，医者の問いかけに応えない子どもに代わって，彼女の症状を代弁し始めた。母親の説明への子どもの問いかけ（8行目）をさえぎる発話（9行目）には，こうした場面において自分の状態を語りうる存在として子どもを扱おうとしない態度を読みとれるだろう。実際のところ，4歳から12歳の子どもが医者の診察を受けた100件以上の場面を分析したところ，医者が話しかけた相手はもっぱら付き添いの親だったという（Tates & Meeuwesen, 2000）。

医療診察という制度的実践は医者だけの努力で成し遂げられるわけではない。当然ながら，子どもの様子を代弁する母親の寄与がなければ診察は成立しない。ここで見過ごされがちなのが，子どもの寄与である。診察の場に存在していることや，医者の質問や母親の説明が可能となるように自身の発話を「留保する」ことは，診察実践の全体を成立させるのに不可欠な子どもの寄与である。

このように，非対称性や未当事者性に満ちた制度的実践に子どもが寄与する姿は，子どもを対象として諸実践を行う大人たちには見えにくい。研究者も同様だ。研究者が観察や記述の対象に目を向けようとするとき，その視野はどうしても研究者が抱える前提に依存してしまう。すると，研究者にとって死角となる部分は研究の対象にもならない（いわゆる，ストリートライト・エフェクトだ）。したがって，研究者がもつ常識も含め，大人の常識とは何なのかを自覚することは重要な作業となる。

大人や研究者の死角で発揮される子どもの行為に目を向け，大人との協働を通してさまざまな実践がいかにして組織されているかを分析することには，大人がみずからの姿を客観視し，その常識を疑うという観察態度が要請される。こうした観察態度は，「コンピタンス・パラダイム」（Hutchby & Moran-Ellis, 1998）や「子どものエスノメソドロジー」（高木, 2016）といった名称で括られる社会学の研究群に共通して見られるものである。次章において，大人と子どもの協働活動を分析するのに適した方法論がいかなるものかを検討する。この作業を通して，発達や社会化といった子どもの成長をめぐる諸概念に対するさまざまな理解の仕方が浮かび上がるだろう。それらの多くは，社会学に由来する研究から登場したものだ。子どもの有能さについての認知科学はここから多くを学ぶことができる。

子どもと大人の協働を
どのように理解するか

第2章

　大人の常識に子どもがどのようなかたちで組み込まれているの
かは，時代や文化により多様である。アリエス（1980）を代表と
する歴史学的研究，あるいは，ロゴフ（2006）に代表される心理
人類学的研究は，「子ども」についての大人の常識は歴史的・空間
的に特殊であり，普遍的なそれはありえないことを雄弁に示してき
た。

　子どもを未熟な存在として捉える見方もまた，歴史的・空間的な
状況に制約されたものである。社会学では，1990年代までの間に，
「子ども」（childhood）という概念が批判的に検討された（James,
Jenks & Prout, 1998; James & Prout, 1990/1997/2015; Prout,
2011）。その核心にあったアイディアの一つは，社会・文化・歴史
的に偶有的な言説が子どもに対する見方を構成するのであり，「未
熟な子ども」という見方もまた，社会的に構築されたものであると
いうものだった。

　「子どもなるもの」をめぐるさまざまな議論から現れたのが，社
会的な相互行為場面にいる子どものふるまいを「有能な子ども」
という観点から眺める「コンピタンス・パラダイム」（competence
paradigm; Hutchby & Moran-Ellis, 1998）である。このパラダイ
ムでは，会話に必要なスキルをもたない未熟な存在として子どもを
捉えるのではなく，周囲の人々との協働に能動的に関与して会話と

いう社会的な出来事を完成させるだけの能力をすでにもつ存在として捉える（高木, 2016）。そうした子どもの諸能力の発見に寄与するのが，日常場面での子どもと大人の間の相互行為のエスノグラフィーや会話分析といった社会学に由来する方法論である。

　本章では主として社会学の領域での方法論を概観する。筆者は社会学の訓練を受けたわけではない。子ども社会学の過去や現状，これからの方向性についての議論は管見によるものであり，網羅的な理論研究にはほど遠いことをあらかじめ述べておく。

2.1　コンピタンス・パラダイム

　コンピタンス・パラダイムとは，子どもと大人が協働して社会的な関係を作る過程において子どもが行う複雑な行為に注目し，そこに見られる子どもの有能さを記述することを目指すアプローチである（Hutchby & Moran-Ellis, 1998; 高木, 2016）。

　このパラダイムでは，エスノグラフィー，エスノメソドロジー，そして会話分析を主要な方法論として採用することが提起される。その主張は三点にまとめられる（Hutchby & Moran-Ellis, 1998）。第一に，子どもの社会的能力の研究は子どものリアルな普通の日常生活に位置づけられなければならない。これと対比されるのは，架空の場面でのふるまい方を子どもにイメージさせることで，その社会的能力を調べようとする研究であろう。第二に，子どもの日常生活における環境を，その社会的能力をディスプレイすることを促進したり制約したりするものとして見なすべきである。つまり，子どもの能力は環境から独立して存在しているのではない。そして第三に，所与の社会的文脈における活動を参与者である子どもや大人が組織し，意味づける際の手続きを明らかにすることが必要である。

　コンピタンス・パラダイムを採用する諸研究は，子どもたちの現実の社会生活の中で生起する自然な相互行為やごく普通の日常会話

を取り上げる。個々の相互行為の局所的な文脈に即して，子どもが
いかに社会的状況に対応しているのか，さらに，そこにおいて子ど
もがいかに社会関係を管理しているのかという部分に注目する。

　コンピタンス・パラダイムは，日常会話を可能にする子どもの汎
用的な認知スキルや会話のための知識を必ずしも前提としていな
い。子どもの能力は具体的な社会的文脈に埋め込まれており，私
たちに観察可能なのはそのようなものとしての子どもの行動であ
る。であるから，子どもの社会的な有能さとは，文脈を超えて持
ち運びの可能な，静的な知識のようなものではなく，具体的文脈
の中にあるさまざまなものを手がかりとして成立するものである
（Wootton, 1997）。

　従来，会話を円滑に進める能力の発達は，語用論的知識や会話ス
キルの増加として記述されてきた。それは，対人状況の多様性に
応じて，社会的・文化的に「ふさわしい」話しことばや書きことば
のスタイルを知識から選択し，実際に使用できる「コミュニケー
ション能力」（communicative competence）の獲得過程として理
解される（Hymes, 1972）。そうした研究では，会話に必要となる
諸能力が年齢の関数として獲得されていくことをもって発達とみ
なされる（Ninio & Snow, 1996）。たとえば，会話の相手と順番に
発話を交替する行為を，子どもは4歳頃までには自覚的にできる
ようになる（Ervin-Tripp, 1979）。あるいは，日本語の文末にくる
言い切りの「よ」のもつ語用論的な機能（発話内容に対する話者の
確信度の高さの表現）について，「よ」と「かな」を文末にもつ表
現を3歳児に聞かせると，前者の文の話者の主張を信じる傾向が
ある（Matsui, Yamamoto & McCagg, 2006）。これらの研究は，
個々の会話の文脈を超えて利用可能なスキルや知識を子どもの内
部に探るアプローチだといえよう。コンピタンス・パラダイムに立
つ Wootton（1997）は，文脈を超えた知識が応用されるものとし

てコミュニケーションを捉える考え方を「文脈横断主義」（trans-situational position）と呼んだ。

　それに対して Wootton（1997）は，文脈を越えた知識が貯蔵され，文脈に応じた選択肢を選べるようになることが発達なのではないと述べる。彼は，個々の行為が相互行為の文脈の中でどのような機能を果たし，その場の当事者がそれらをどのように理解するのかに焦点を当てるアプローチを提起し，それを「連鎖主義」（sequential position）と呼んだ。もちろん，一般的な認知的能力の発達が起こらないと主張したいのではない。コミュニケーション能力の発達を，具体的文脈を越えて応用可能な語用論的知識の増加として捉えないのである。

　そもそも，知識があることと，具体的な文脈の中でふさわしくふるまうことは別のことである。知識の有無にかかわらず，相互行為の参加者にとって必要なことは，文脈に埋め込まれたものとしての行為をそれぞれがそれぞれのやり方で「理解する」（understanding）ことだ。たとえば，両手を挙げる子どものジェスチャーを，親に抱っこをせがむ要求行動として理解するためには，当事者たちが置かれた文脈も考慮しなければならない。もしかすると，子どもは着ている上着を脱がせて欲しいのかもしれないし，抱っこではなく肩車をして欲しいのかもしれない。いずれにせよ，大人は子どもの行動に何がしかの意味を見いだし，何らかの意図に裏打ちされた行為としてそれを「理解する」。他方で子どもは，要求行動として理解される可能性をもつ存在として大人に自分の身体をさらけ出す。大人は実際に子どもを抱っこしたり，拒否したり，「あなたが何を要求しているのか分からない」というそぶりをしたりして，何らかの反応を子どもに示す。そして子どもは，大人のそうした反応に対して敏感に反応していく。

　コンピタンス・パラダイムもまた連鎖主義に立つ。このパラダイ

ムは，「子どもの発話やふるまいの１つ１つが，それまでの相互行
為で生じていることや他の参加者による直前の発話やふるまいを一
定の合理性にかなうしかたで理解した上で，その理解を組み込んで
自身の発話やふるまいを産出し，さらに相手の適切な反応を引き出
している」（高木，2016, p.260）と考える。このパラダイムに立つ
ことで，大人と子どもの相互行為全体の成立に子どもがいかにして
寄与するかという本書の問いに部分的に答えられるのである。

2.2　子どもと大人の相互行為を分析するには

　コンピタンス・パラダイムが採用する方法の一つは，子どもの生活
の中で自然に生起する会話を対象とした会話分析である（Hutchby
& Moran-Ellis, 1998; 高木，2016）。会話分析についてはすでに多
くの解説書があるので（たとえば，串田・平本・林，2017; Sidnel
& Stivers, 2013; 高木・細田・森田，2016），本書ではごく簡単にそ
のポイントのみ述べておく。

　研究方法論としての会話分析とは，人々が言語的・非言語的な
相互行為を通して社会的な出来事を実現する際に用いる「やり方」
を記述し，明らかにすることを目指す。人々の「やり方」に焦点
を当てる発想は，社会学者ハロルド・ガーフィンケルの提唱した
「エスノメソドロジー」（ethnomethodology）に由来する。エスノ
メソドロジーは，人々が日常生活の中で実現している社会的秩序
を，当の人々の社会的行為の分析を通して研究するアプローチであ
る（前田・水川・岡田，2007）。

　このアプローチでは，社会学者だけではなく，その説明対象とな
っている人々も社会的な秩序を説明するある種の言語を使いこな
していると考える（Garfinkel & Sacks, 1970）。たとえば，ある街
角で大人が子どもの頬をつねったとしよう。社会学者は，この出
来事を「虐待」などの問題の徴候として説明するかもしれない。一

方で，当の大人は「しつけのためにやった」と説明するかもしれない。エスノメソドロジーでは，どちらの説明が正しいかは問題としない。わざわざ社会学の言語を導入するまでもなく，大人もまた「日常のことばで説明できてしまう」ということが重要なのだ。大人がいかなる社会秩序を「しつけ」ということばで説明しようとしているのか，そしてその秩序はいかにして実践されているのか。エスノメソドロジーが焦点を当てるのはこうした点である。

　会話分析は，エスノメソドロジーの発想を受けて考案された，人々が会話という社会的な出来事を実現する「やり方」を明らかにする研究プログラムである。すなわち，「会話参加者が，ことばや身体や環境を資源として，互いに理解可能で説明可能（つまり合理的）な手続きを用いて相互行為秩序を生み出していることを，具体的事例の詳細な分析を通して明らかにする」（高木, 2016, p.259）ことを目指す。会話参加者が生み出す相互行為秩序やそれを実現する手続きとして，会話分析の創始者であるサックスはいくつかのアイディアを提出している。代表的なものとして，「順番交替システム」や「隣接対」がある。

　順番交替システム（turn-taking system）とは，会話の流れの中で，現在の話し手から次の話し手へとスムーズに発話を連鎖させていくための方法である（Sacks, Schegloff & Jefferson, 1974）。サックスらによれば，日常会話には「一度に1人が話す」という相互行為秩序を見て取ることができる。秩序立っているにもかかわらず，セレモニーのように，話す順序があらかじめ決まっているわけではない。人々は，現在進行中のやりとりにおいて，その場にいる人々の間で話す順序を決定し続けるという実践を行っている。その際に私たちは，何らかのやり方を用いて話し手の決定を行っているとされる。そのやり方が，順番交替システムである。

　隣接対（adjacency pair; Schegloff & Sacks, 1973）とは，ある

種の発話に引き続いて，ある特定のタイプの発話が後続するものと強く期待される発話の連鎖パターンである。たとえば，「質問」に対しては「応答」が，「挨拶」に対しては「挨拶」が，「要請」に対しては「承諾」か「拒否」がそれぞれ後続するものと期待される。

　私たち会話参加者は，順番交替システムや隣接対を手がかりとして相互行為秩序を作り上げると同時に，それらを参照しながら他者の行為を理解しようとしている。そして，コンピタンス・パラダイムによれば，子どもが会話に参加する姿もこれらのアイディアで分析することが可能なのである。

　例を見よう。断片3は，家族による食事場面で観察された2歳の女の子と母親との会話である（高木，2008）。

【断片3】

1　Y：マ:マ？

2　M：はい。

3　　　　(1.5)

4　M：ん:::！((卓上の皿の一つを指差す))

5　Y：ばあちゃんは::？

6　M：え？

7　Y：ばあちゃん。

8　M：ばあちゃん？　ばあちゃんは::,(1.8)ご飯食べてるよね::

9　Y：((頷く))(3.0)

10 M：お昼ご飯食べてるね:::。＝

11 Y：＝うん。

（高木，2008, pp.134-135 より）

　高木（2008）は，断片3の5行目と7行目で繰り返された「ばあちゃん」という2歳児Yのことばに注目した。5行目は，引き延ばされた上昇調のイントネーションをともなう「は」で文末が終

えられている。このことは，5行目のことばが会話の参加者に質問として聞き取られる状況を生み出す。6行目での「え？」という母親（M）の発話は，娘の発話を自分への問いかけであると認めながら，その内容までは聞き取れなかったことを示すものである。これによって，質問者（Y）には発話のやり直しの機会が与えられ，実際に7行目でYは発話の順番を取得する。このとき，みずからの発話がすでに母によって「質問」として聞きとられていることを，Yは理解している。それは，5行目とは違い，7行目では上昇調の「は」をともなわずに，質問の核にある内容「ばあちゃん」だけが発話されていることから推測できる。

　ここでの母と子の会話が，質問と回答という隣接対を核として展開されていることが分かるだろう。しかも，母と子のどちらかが一方的に質問を（あるいは回答を）するのではない。母親は子どもの質問が聞き取れないために回答ではなく質問を返し（6行目），それに対する子どもの回答（7行目）を待ってから最初の質問への回答を返す（8行目）。子どもは自分の発話（5行目）に対する母親の理解の状態を，母親による聞き返し（6行目）を通して理解し，5行目の発話そのものを反復するのではなく質問の内容だけを発話した（7行目）。このように，2歳児であっても「子どもは相互行為上の諸々の局面に敏感に対応しながら，発話順番を受け手と協同で構築している」（高木, 2008, p.162）ことが明らかにされるのである。

　コンピタンス・パラダイムに立脚し，幼児と大人のやりとりを検討する際に会話分析を用いるメリットとして，それが徹底して帰納的態度を取る点が挙げられる（Filipi, 2009）。会話分析では人々による相互行為の音声や映像を記録し，慣習的な転写法にしたがって書き起こしたものがデータとして用いられる。言語的な側面だけでなく，いわゆるパラ言語的要素，すなわち，発話の間や重複，呼吸

音，笑い，イントネーションに加え，視線や身振りなど非言語的な要素も対象となる。これらの諸要素が分析対象となるのは，分析を始めるまでは，会話の組織化に何がリソースとして寄与するのかが分からないからだ。言い換えると，予断をもたずに相互行為を見る研究態度が必要となる。近年では，話しことばだけでなく，相互行為の起こる場において会話参加者にとって観察可能なさまざまな要素がリソースとして取り上げられている。そうした要素には，視線，表情，うなずき，身ぶりと姿勢，指差し，物質的対象，身体の移動や環境条件が含まれる（城, 2018）。

　この態度の特徴は，子どもの言語に関する伝統的な研究と比較するといっそう明らかになる（Filipi, 2009）。その多くは，仮説を立てた上での実験や観察，インタビューといった実証主義的方法を採用する。実証主義的研究では，事前に設定したカテゴリーに該当する行動を分類し，その生起頻度を数えるといった手法がしばしば採用される。コンピタンス・パラダイムの観点からすると，具体的な文脈を超えて事前に研究者が設定した仮説的カテゴリーから相互行為を分析しようとする態度は，とりわけ重要な問題をはらむ。これだと，大人の常識に合わせてコミュニケーションを過剰に単純化する結果に陥る可能性があるのである。子どもが，大人にはそれと気付かれない独特な仕方で会話に関与している可能性は大いにある。にもかかわらず，子どもによるそうした行動は，大人の常識が作り出す死角に入ってしまい，分析されずに終わるのである。

　さらに，大人と子どもの間の能力差を前提としていない点も，会話分析が導入される背景にあるだろう。実際に，先に見た高木（2008）では，2歳児も大人と「同様に」会話の組織化に関与していたと結論される。常識的には，大人と子どもの間には認知的能力の質的・量的な差があると考えるだろう。もちろん，何らかの認知的能力があることは会話へ参加する条件となる。しかしながら，会

話分析の問いにおいて重要なのは，いかにして社会的な秩序が実現されているのか，そこでいかなるリソースが用いられているのか，というものである。すなわち，会話分析を採用することにより，やりとりの中での大人と子どもの個々の行為を共通の枠組みで捉えることが可能となる（Bateman & Church, 2017）。

　会話分析のこのような態度に基づくと，子どもを対象とした制度的実践の特徴であった，大人と子どもの間の非対称性が，相互行為の文脈の中でいかにして実現されているのか，という問いが検討できるようになる。大人と子どもの非対称性は，コミュニケーションの前提なのではなく，それによって達成されている出来事なのだ。たとえば阿部（1997）は，会話の場にいるすべての参加者にとって明瞭であることがらについて，さらに問いかけるという手続きが，会話を観察する者に会話参加者間の非対称性を感じさせることを示している。学校において，授業中に教師が生徒に向かって行う質問の中には，教師自身にとって答えが明らかなものがある。「既知情報の質問」（known information question; Mehan, 1979）と呼ばれるものがそれだ。たとえば，「今日は何曜日ですか？」「水曜日です」「その通りですね」といったやりとりにおける最初の発話が「既知情報の質問」である。私たちの常識では，こうした質問ができるのは教師の方であり，もしこれを生徒が行うと違和感を覚えるだろう。もちろん，生徒が教師に既知情報の質問を行うこともありうる。その場合，参加者（および観察者）は，その出来事を「生徒が教師をからかっている」などと記述するかもしれない。これもまた非対称的な関係性の実現の一つの例である。このように，「知っている（と相互に理解されている）ことをあえて問う」という相互行為的な手続きを通して会話参加者はお互いの非対称的な関係性を達成している，と分析できる。親－子，教師－生徒，医者－患者などに見られる非対称的な関係性は前提ではなく，相互行為を通して

実現される。

2.3　リソースとしての「子ども」

　会話という社会的秩序を構築するために用いられるリソースには，「子ども」自体も含まれる。しかも，二重の意味で，である。一つは，「子ども」というカテゴリーの使用であり，もう一つは，その場にいる「子ども」自身の身体的なありよう，言ってみればリソースとしての「子どもらしい姿」だ。前者は，サックス（1989）によって提出された「成員カテゴリー化装置」（membership categorization device）というアイディアによって示される。後者は，会話分析をめぐる従来のさまざまな研究の中で繰り返しほのめかされてきた論点であるものの，明示的に議論されたことのなかった問題だと思われる。

　成員カテゴリー化装置とは，人々を記述するのに用いられるカテゴリーの集合と，その使い方に関する規則のことである（サックス，1989）。社会学者は，男女や世代，経済階層など，人々を何らかのカテゴリーでまとめ上げる作業をする。それに対してエスノメソドロジーや会話分析では，市井の人々は社会学者と同様にこの作業を日常的に実践している，と考える。サックスが挙げている，子どもの語りの例をもとに説明しよう。

　　　お父さんは銀行のお仕事をしています。お母さんは朝ごはんをつくります。そして私たちは起きると洋服を着ます。赤ちゃんは朝ごはんとはちみつを食べます。私たちは学校にいきます。これが制服です。わたしはコートを着て自動車にのります。

　　　　　　　　　　　　　　　　　　　（サックス，1989, p.101 より）

ここで用いられている「お父さん」，「お母さん」，「赤ちゃん」は，

人々をまとめあげるカテゴリーである。これらはまた，より大きな集合（カテゴリー集合）にまとめられる。たとえば上記の三つは「家族」というカテゴリー集合に含まれる要素である。また，カテゴリー集合「家族」には，「おじいちゃん」「お姉さん」などのカテゴリーを追加することができる。

　カテゴリー集合とともに成員カテゴリー化装置を構成するのは，その用い方（「適用規則」と呼ばれる）である。適用規則には経済規則（economy rule）と一貫性規則（consistency rule）という二つがある。ある人をカテゴリー化する際には，ただ一つのカテゴリーを用いるだけで十分である，という規則が経済原則である。たとえば筆者については，男，大人，父親，大学教員，患者，乗客など，いくつものカテゴリーを用いて記述可能だが，ある場面で，ある人を記述するときにはそれらのうち一つを用いればカテゴリー化したことになる。ただし，複数のカテゴリーを組み合わせてはならないということはない。

　もう一つの一貫性規則とは，ある場面で，あるカテゴリーが用いられた場合，引き続く同じ場面ではそのカテゴリーを含むカテゴリー集合に含まれる諸カテゴリーを用いるはずだ，というものである。たとえば，先ほどの子どもの語りでは，「お父さん」が用いられた後で出てくる登場人物はすべてカテゴリー集合「家族」に含まれるカテゴリーだった。もしも子どもが，「お父さんが会社へ行き，大人がご飯を作り，女の子がはちみつを食べる」と語った場合，一貫性規則に違反していることとなる。

　最後に，あるカテゴリーには，ある活動が結びつけられている（Sacks, 1992）。ある人があるカテゴリーとして特徴づけられた場合，その人には当該のカテゴリーと結びついた行動をすることが期待されるのである。これも上述の例を見ればすぐに分かるだろう。「お父さん」と「銀行で働くこと」，「お母さん」と「ご飯を作るこ

と」,「私たち」と「学校に行くこと」とがそれぞれステレオタイプのように結びついている。話者は，カテゴリーか活動のどちらかに言及することにより，それと結びついた他方を聞き手に想起させることができる。

　ここまで述べてきたことから推察されるように，社会的相互行為の中で「子ども」というカテゴリーは成員カテゴリー化装置として機能する。それが含まれるカテゴリー集合としては，「家族」（父親，母親，子ども…）や「生涯の段階」（子ども，若者，大人，年寄り…）が想定できる。さらに，「子ども」に結びついた活動も，「大人につきしたがうこと」,「遊ぶこと」など，さまざまなものが想定できる。

　子どもと大人の相互行為について，子ども自身を含む会話参加者がいかにして「子ども」および関連する諸カテゴリー（とそれを含むカテゴリー集合）を利用しているのか，という観点から分析することにより，社会的に構築される「子ども」の研究が進むように思われる。例を挙げよう。Forrester（2010）は，「子どもであること」が家族の会話を通していかにして実現されているのかという問いを検討している。彼が対象としたのは，2人の娘 Ella（2歳1ヵ月）と Eva（8歳），そして彼自身による会話である。断片4で示される場面において Ella とその姉 Eva はテーブルについていた。Ella は小言を言われて泣き出しそうな状態だった。また，父親（Forrester）はキッチンを歩き回りながら問いかけをしていた。

【断片4】

1　　父：ママと Kristen はどこに行ったかな？
　　　　　where did mummy and Kristen go?

2　　　（1.4）

3 　父：Sophie に会いに [行った] のかな？

　　　　 did they 　　　　 [go] to see Sophie?

4 　Ella： 　　　　　　　 [あーう]

　　　　　　　　　　　　 [a::w]

5 　　　　(0.4)

6 　Ella：そーお

　　　　y:::es

7 　　　　(0.7)

8 　父：ママたちどこ行ったんだろう，Ella？

　　　　where did they go Ella?

9 　　　　(1)

10 Ella：あ，(.) お医者さん＝

　　　　eh (.) to doctors＝

11 　父：＝そう，お医者さんのところに行ったんだよ，かしこいね

　　　　＝that's right they went to doctors clever girl

12 　　　　(.)

13 　父：だって Sophie が，えーと，病院にいるから？

　　　　cause Sophie's in eh hospital?

14 　　　　(0.4)

15 Ella：そーお

　　　　ye::a

16 　　　　(1)

17 　父：なんで病院にいるの？((Ella が食べ物を口に入れる))

　　　　why is she in hospital? ((E places food in her mouth))

18 　　　　(0.7)

19 Ella：なんで？

　　　　why?

20 　　　　(0.8)

21 Eva：知ってるわけないでしょ？ ((質問の間に父の方へ振り返る))

how's she meant to know? ((turns around towards F while asking))

22 　　(2.1)

23 　父：パパが教えたんだよ

cause I told↑her

24 　　(0.8)

25 Ella：なんで？

why?

26 　　(1.8)

27 　父：パパがなんでって聞いてるんだよ

I'm asking you why

28 　　(0.3)

29 Eva：なんで Sophie が病院にいるの，Ella？

why's Sophie in hospital Ella?

30 　　(0.8)

31 Ella：びょう ()() なんで？

cause hos ()() why?

32 　　(0.4)

33 　父：そう，お病気だからだね

that's right cause she's not well

34 　　(8.7)

(Forrester, 2010, pp.51-52 より。訳は筆者による)

　この会話を聞く私たちは，Eva と父が Ella を「子ども扱い」していたと理解する。それは，あることがらについて Ella がその知識を「もたない」ことが，次のような手続きを通して，会話を通し

て常に参照されているためである。

　まず，Ella に対して父が問いかける。断片 4 に登場する 3 人以外の家族がどこにいるのか，父親は知っている。それをあえて尋ねて，回答者の知識の有無を確認する既知情報の質問は，前節で触れたように，質問者と回答者の非対称性を実現する手続きを構成する。

　次に，Ella の回答に対して父が反応する。11 行目や 33 行目にあるように，父は Ella の回答に評価を与える。「そう（that's right）」，「かしこいね（clever girl）」などの表現がそれだ。

　そして最後に，回答者としての Ella の不適格さに姉が言及する。21 行目の，父親の方に顔を向けながら言う「知ってるわけないでしょ（how's she meant to know?）」がそれだ。誰かが病院にいる理由について 2 歳児が知るはずがない，という 8 歳の姉からの評価がここに示される。

　この場面で Ella の特徴として常に参照されていたのは，「あることがらについて知識をもたないこと」だった。「知識をもたないこと」は，未成熟な発達段階とされる「子ども」というカテゴリーに，規範的に結びついている。もちろん，断片 4 には「子ども」という語は一度も用いられていない。それでも，「子ども」というカテゴリーが会話参加者によってリソースとして利用され，それを通してお互いに会話を理解し合っていることが理解可能となっていた。

　Forrester（2010）は，子どもと大人の間で展開される相互行為を，会話分析の知見に基づいて分析する意義として，参与者による社会的世界の理解と意味づけ（sense-making）に研究者の視点が向くことを挙げる。会話分析の源流であるエスノメソドロジーが，対象の分析のために社会学者が持ち出すカテゴリーではなく，研究対象である人々自身によるカテゴリーの使用手続きの記述を目指し

たことを思い出そう。「子ども」や「未熟さ」や「発達」というカテゴリーは，社会化論や発達心理学のタームである以前に，会話参加者が会話の中で利用するカテゴリーなのである。

　さらに，Forrester（2010）は明示的に言及してはいないものの，会話参加者がリソースとしていたものは他にもあるはずだ。それが，リソースとしての「子どもらしい姿」である。人々がその社会の常識として「子ども」として理解される姿形や雰囲気といったものもまた，会話の組織化のための手続きに組み込まれている。いわば，ある社会の「子ども」カテゴリーの特徴に合致する姿で会話参加者の一部が現前するならば，同じ場面において常に「子ども」カテゴリーは参与者にとって利用可能なリソースであり続けている，と考えられる。

　自然に生起した会話の，言語化可能な側面をもっぱら焦点化する一般的な会話分析研究では，会話参加者の姿形，体温，におい，雰囲気といった側面について記述されることはほとんどない。しかし，阿部（1997）が指摘するように，「子ども」というカテゴリーの利用が会話参加者にとって適切なのは，会話自体の特徴によるというよりも，目の前にある身体が「子ども」的だからとも考えられる。

　　〈子ども〉が，会話のあり方において観察可能な対象として現れているかどうかは，それほど検証しやすい問題ではない。会話を観察するさいそれらが自明のものとして現れるように思えるのは，会話の様態に内在するものというより，多くの場合，発話者の姿態や声質といった手がかりによる。これらの要素は，観察者に対して，話者のカテゴリー（年齢や性別等）を否応なく現前させ，またその後の観察−分析の与件的条件となる。しかもそのさい，それらの契機は発話の意味という図に

対する地にとどまり，その作用をほとんど意識されることがない。我々は，会話場面に現前しあるいは潜在する，どの要因がどれだけ自らの解釈に影響しているかを十分に理解し得ていないのである。

（阿部, 1997, p.445 より）

　阿部（1997）で行われた実際の作業は，会話における発話の連鎖構造を通して会話参加者の一部が「子ども」として理解される手続きの分析だった。しかしながら，上に引用した箇所で述べられたことは重要である。個の身体がパブリックなものとして，すなわち誰もが観察することの可能なものとして現れた「姿」は，その身体を所有すると目される本人にとってもそうだが，周囲の人間にとっても相互行為のためのリソースとなりうる。社会的場面における相互行為を記述する方法論を議論したゴッフマンは，「われわれは，話はやめることはできても，身体表現によるコミュニケーションはやめることはできない。身体表現では，正しくてもまちがっていても，とにかく何かを伝達する。そこでは，何も伝達しないということはできない」（ゴッフマン, 1980, p.39）と述べる。

　社会的場面において現れる姿は，人々にとって常に関心を払うべき対象である。もちろん，街中で私たちは互いに無関心であるように思われるかもしれない。このように「あえてまじまじと見ない」というのも，反応の一つの様式であるし，「あえてまじまじと見ること」も社会的場面に差し出された人々の姿に対する反応である。街中に現れた乳幼児的な姿に対する，ある種の大人の反応にその例が見られる。たとえば，筆者の子どもが1歳に満たない頃，電車の座席に座っていると，隣に座った見知らぬ高齢の女性が「めんこだねえ」（「めんこ」とは，北海道方言で「かわいい」の意味）と言いながら目を細め，子どもの頬をつついたり，その紅葉のような手

を握ったりすることがあった。高齢女性のイニシアチブから始められたやりとりのようだが，しかしこれを，「子どもらしい姿」を公的場面に差し出すという，筆者とその子どもによるオファーに対して高齢女性が反応したものと理解し，記述することは可能だろう。もちろん，筆者の子自身がそのようなものとして自身の身体をメタ的に認識し，そのように姿をさらしたと言いたいのではない。そこに意図の有無は関係ない。ゴッフマンの言うように，身体がそこにあり，何らかの姿を取ることは，すでに「伝達」なのである。

このように考えると，子ども的な姿をとる身体がそこにあるということは，特定の人と人との出会いを，参加者（と同時に研究者）が「子ども－大人間相互行為」として理解し，記述することを構成する。当たり前のことのようだが，このことを確認しておかねばならないのは，子どもの有能さという本書での議論とも関わってくる点だからである。

2.4 もう一度，子どもの有能さとは何か

第1章では，大人と子どもの協働を相補性基準という観点から見る際に，大人の死角にある子どもの具体的な行為に注目しなければならないと述べた。このこと自体は無理なく受け入れられる主張だろう。

では，どのようにそれを行えばいいのか。そのための方法として，本章では，日常生活における子どもの有能さに注目したコンピタンス・パラダイムが主に採用する会話分析の手法を取り上げた。

周囲の人々との社会的相互行為に子どもは行為主体として関与するというコンピタンス・パラダイムに立つとき，未熟で無能であるはずの子どもは，少なくともその場の状況を協働的に構築し，有能にふるまう存在として記述される。

また，本章第3節で検討したような実際の家庭内会話では子ど

もを「子ども扱い」するという実践が行われる。このとき子どもは
その実践を組織するリソースであると同時に，組織に関与する者で
もある。

　すると，そのような子どもは「『無能である子ども』を構築する
有能な子ども」という，矛盾した概念にまとめることができる。相
互行為を通して大人たちは「未熟な子ども」という一般的な常識
を確認し，再構築している。そこに，当の子ども自身が行為主体と
して関与するという，少しややこしい構図である。この部分につい
て，エスノメソドロジーの枠組みを参照しつつ，もう少し整理して
おきたい。

　エスノメソドロジーとは「メンバーの方法」であると同時に，そ
れを研究するプログラムでもある（前田・水川・岡田，2007）。こ
こでいうメンバーとは，人（person）を指す概念ではない。ガー
フィンケルとサックスは，「常識的知識を適切に用いることにより，
自然言語を使いこなして事態を記述できること」（前田ら，2007,
p.7）が「メンバー」だとした。メンバーとはそうした「自然言語
の習熟」（mastery of natural language; Garfinkel & Sacks, 1970,
p.342）そのもののことである。

　ここで，「自然言語の習熟」とは結局どのような事態なのか，と
いうことが問題となる。もちろん，前言語期の幼児は「自然言語」
（すなわち，社会的事態を人々が説明するための言語）を使わない。
そして，話せるようになってからも，その使い方は大人のそれとは
異質なものという直観を私たちは抱くだろう。

　しかしこれは，「習熟」という属性を個人に帰属させる見方であ
る。断片4や，第1章で紹介したAdamの例を踏まえるなら，子
どもが自然言語に習熟しているかどうか判断しようとすることもま
た，「メンバーの方法」だ。つまり，社会学者や発達心理学者だけ
が特権的に行える何かではない。

自然言語に習熟しているかどうかを判断するという実践は，日常的なものである。ある行為が，メンバーとしてのそれであるかどうかは，相互行為の参加者間で，常に交渉されている。相互行為の場を離れてある人が常にある社会のメンバーである，ということは言えない。そのつど，ローカルな局面においてメンバーであるかどうかの理解と説明がなされている，と考えるべきだろう。

　そのような場に「子どもが物理的に存在すること」は，「この」子どもの「この」ふるまいが，メンバーとしての「それ」であるかどうかを理解することを成り立たせる不可欠な要素である。前節で見た断片4においても，Ella という個人が特定の姿をとり，特定のふるまいをしていたからこそ，「未熟さ」というリソースへの父や姉によるアクセスが妥当なものとなった。おそらく，エスノメソドロジーや会話分析で言うところのメンバーに関する議論は，「子ども」というテーマに引きつけた場合，このように説明できるだろう。

　確かに，幼い子どもは，大人と同じようなやり方で，会話を組織する手続きやリソースについて自然言語を通して説明することはできない。しかし，子どもは周囲の大人や自分自身の行為をそれらが埋め込まれた文脈の中でそれぞれのやり方で「理解する」（Wootton, 1997）。会話分析の前提に立つならば，文脈の中で刻々と「理解」が構成・再構成されていくのは大人も子どもも同じである。ことばのうまく話せない子どもと向きあう大人は，相互行為の文脈の中にその子どもの現在の姿の全体を位置づけることを通して，その子の現在の状態について理解を構成する。両手を挙げる動作を子どもが行ったとき，大人は，抱っこして欲しいのか，それとも服を脱がせて欲しいのか，そのいずれでもないのか，仮説的に理解を作りながら，それに対する反応を繰り出していく。要するに，大人は子どもの状態の観察可能性（observability）をたのみにして子どもを

理解する。

　ことは子どもも同じなのである。Sacks（1992）は，子どもの行うババ抜きのようなゲームが成立する相互行為的機序を検討する中で，カードを持つ自分の表情が，相手にとって，自分があるカードを持つか否かの判断材料となっていることを理解していることを挙げている。同時に，観察可能な相手の表情から，子どもは相手の状態についての理解を構成する。もちろんその理解は，刻々と展開するカードゲームの文脈に表情が位置づけられて構成される，ダイナミックに変化するものだ。要するに，幼い子どもが周囲の人々の様子を観察し，それに応じてふるまうことができるなら，何がしかの理解を構成しているはずである。

　子どもが大人との相互行為を通して，何がしかの理解を自分なりのやり方で構成し，また，自分の姿を相手が理解を構成するためのリソースとなるよう差し出すこと（それはすなわち，ただそこにいて，何らかのふるまいをするだけのことである），これがコンピタンス・パラダイムということばの指す「コンピタンス＝有能さ」の意味である。決して，大人と同じようなやり方で会話に参加できるから有能なのではない。それは「大人」を有能さの判断基準に置く発想である。

　大人もまた，自分の姿を子どもに向かって差し出している。それに基づいて構成された子どもによる理解について大人が理解を構成し，それに基づいて反応し…，といったような過程を通して，子どもと大人の相互行為は全体として成立していると考えられる。James & Prout（1990/1997/2015）は，子どもを描こうとすることは，ひいては，大人を描くことだと指摘した。子どものふるまいに大人が埋め込まれており，同時に，大人の行為に子どもが埋め込まれているとするならば，両方を同時に描かなければならない。

　本書はこの点を重視する。子どもは大人が何をしようとしている

のかを理解するための手がかりを求め，リソースを活用する。大人もまたしかり。大人は子どもによる理解の表現を手がかりとして行為する。その意味で，大人は子どもに助けられている。見方を変えると，大人は子どもに助けられる能力をもつのであり，子どもは大人を支援する力をもつ。このような相互構成的な概念として全体としての「有能さ」を描くことが，本書の目指すところとなる。

　大人の常識がもたらす死角における子どもの有能さを理解し，記述するための方法をここまで検討してきた。大人のふるまいが，子どもによる大人の理解への反応だとするならば，そして，子どものふるまいが大人による子どもの理解への反応だとするならば，ある出来事の成立に子どもが大人と同じように寄与している，と言いうる。この場合，大人が有能で子どもが無能，あるいはその逆だと言うことは意味をなさない。ただ，さしあたり，有能さを子どもに帰属させなければならないのだとしたら，それは，ただそこに存在することによってすでに発揮されるものがそれだ，と言えるだろう。

　続く第3章において，ここまでの理論的・方法論的検討をふまえた上で，生まれたばかりの子どもが最初に参入する社会としての「家庭」で展開される会話を実際に分析してみる。そこでの会話とそれを支える条件とが全体として，大人と子どもの両方の「有能さ」を立ち上げるさまを描いてみたい。常識的な見方では，家庭とは養育者が子どもを社会化する場であり，そこでは成熟した大人が未熟な子どもを導き育てるとされる。しかし，本章で検討した立場からすれば，それは一面的な見方である。養育者が有能にふるまえるのは子どものおかげなのである。

第3章 子どもによる家族会話の組織化

　本章では，子どものいる家庭で交わされる家族同士の会話，すなわち「家族会話」(family conversation) という出来事がいかにして成り立っているのか，特に家族の一員としての子どもがそこにどのように関与し，その出来事が成立しているのか，例証してみたい。

　「会話を成り立たせる」といったときにイメージするのは，発話を駆使して雄弁に会話の流れを導いていくような姿だろう。幼い子どもはそのような姿とは縁遠いように感じられるかもしれない。しかしながら，第2章で検討したように，大人と子どもは互いの姿や動作をリソースとして互いについての理解を作り出している。

　家族会話の組織化への子どもの寄与を，本章では二つの側面から見ていく。一つは，話し手として会話に参加する子どもの行動である。発話する子どもの行動は，能動的な関与として理解することができる。もう一つは，聞き手として会話に参加する行動である。ただ，聞き手は話し手ほど分かりやすい行動をともなうわけではない。聞き手という役割を適切に組み込んだ会話の記述枠組みを用意した上で，参与者の微細な行動にも注意を向けることが重要となる。

3.1 大人を「受け手」にする

　仕事がら，筆者は家庭で本を読んだりものを書いたりする。それはたいてい，2人の子どもたちが寝静まってからだ。子どもたちが起きている時間帯にインターネットを使って調べ物をしていると，下の娘が膝の上に乗ってきて，YouTube を見せて欲しいとせがむので，仕事にならない。

　イギリスの精神科医レインも筆者と同じ悩みを抱えていたようである。その日記に彼の5歳の息子との次のような会話が残されている。

> ◇ 1973年3月
> アダム　おとうさん　なに読んでるの？
> わたし　恋愛の詩（ラヴ・ポエム）だよ
> アダム　憎しみの詩（ヘイト・ポエム）っていうのはないの？
> わたし　おとうさん　今ちょっとこれ読もうとしてるんだから
> 　　　　いいかい
> アダム　（陽気に）おとうさん　憎しみの詩　書いたらいいの
> 　　　　に
>
> （レイン, 1979, p.29 より）

　この会話でレインが行ったのは，割り込んでくる子どもを尊重しつつも，読書し続けようとすることだった。レインは子どもの割り込みにひとまず応答した。しかし，その後のアダムの問いかけに対して彼は，「今ちょっと」と制止する姿勢を見せ，アダムとのやりとりを棚上げしようとした。

　アダムは最終的に父への話しかけを止めた。しかしすべての子どもが彼のように話しかけるのを止めるわけではない。どうしても大人に聞いてもらいたいことだってあるだろう。

　親との会話に際して子どもがかかえる課題は，次のようになる。

どうすれば大人との会話が続けられるのか，というものだ。単に話しかけるだけではなく，大人を子どもの発話の「受け手」とすること，つまり子どもとの会話に大人が関わり続けるようにしむけることが必要なのである。子どもの作戦通りに大人が子どもとの会話を続けようとしたときにはじめて，大人と子どもの会話が成り立つ。

　子どもと大人の会話に限らず，一般に，発話者が「話し手」となるには，自分以外の承認された参与者の誰かを発話の「受け手」としなければならない。自然会話を分析する概念に「フロア」(floor)というものがある。これは，会話の参与者が注意を向けて聞くような発話をする権利のことだ（Shultz, Florio & Erickson, 1982）。学校の教室における教師を思い浮かべればよいだろう。教師が教壇に立つとき，生徒はその発話を注意して聞くように要求される。このような発話ができる存在（ここでは，教師）は，このときフロアを獲得している。このとき，生徒は教師の発話の受け手になっている。さらに，多数の人々がテーブルにつく食事場面などでは，一度にたくさんのフロアが生起する場合もありうる（Shultz, Florio & Erickson, 1982）。教室でいえば，教師が話しながら，その合間に生徒同士で私語が展開されるような状況である。

　3人以上の人々が参加する「多人数会話」(multiparty conversation) において，誰が誰を受け手とするのか，参与者の間でフロアがどのように獲得されたり委譲されたりするのか。言い換えると，話し手はどのように参与者を受け手とするのか，受け手になりうる者はいかにして自分を発話者の受け手とするのか。このような問いは会話分析を行う研究者の問いであると同時に，まさに多人数会話に参与する人々自身の問いでもある。そしてこれは解かれない問いのまま残されるのではなく，現実の日常的な会話において常に解決されている。

　多人数会話では，二者による会話（dyad conversation）と異な

り，誰かが発話すれば他の誰かが自動的にその受け手になるわけではない。受け手候補が2人以上いるためだ。したがって多人数会話における話し手は，参与者の中の誰かを自分の発話に対する受け手とするための手だてをいろいろと講じている。たとえば，グッディンは，このことを話し手による「リスタート」（restart）と呼ばれる発話行動を通して見事に示した（Goodwin, 1981）。リスタートとは，「あの，あのさあ」といったように，発話の冒頭部分を繰り返す話し手の行動である。一見すると単なる言い間違いのようだが，それが起きた瞬間の話し手と聞き手の視線の向きを分析したところ，聞き手の視線が話し手に向くタイミングとリスタートが一致していた。すなわち話し手は聞き手の行動をモニターしており，聞き手の注意が向き，受け手になる準備が整ったのを確認してから一連の発話を開始したのである。このようにリスタートという現象は，話し手が，他の会話参与者を自身の発話の受け手にしようとする一連のフロア獲得作業の一部だと考えられる。

　では，家族会話という，子どもと大人が組織する多人数会話において，子どもはいかにして大人を受け手にしているのか。そのふるまいに注目した研究を見ていこう。

　Butler & Wilkinson（2013）は，家族会話において子どもが周囲の大人たちを受け手にする手続きを分析している。5歳の男の子Fredrick の家族（母 Nina，父 Julian）がクリスマスのお祝いをする場面がその対象となった。一家のやりとりは基本的に英語でなされていたが，母と父はそれぞれドイツ語，フランス語母語話者だった。つまり，マルチリンガルファミリーである。この日はふだん一緒に住んでいない父方の祖母 Jean（フランス語が母語）がプレゼントをもって来訪していた。

　次の二つの会話は，いずれも，Fredrick が家族の誰かに対して話しかけようとしたものである。最初の会話（断片5）では受け手

として想定された者が実際に Fredrick との会話を開始したが，も
う一つの会話（断片 6）では，逆に，受け手となることが拒否され
た。Fredrick が家族を受け手とすることの成否の理由を彼の内面
的性質やその行動だけに帰属させようとする態度は，すでに見たよ
うに，本書の立場とは異なる。以下に見るやりとりは家族の協働的
な行為の連鎖による帰結と見るべきである。

　　まず，第一の事例から見てみよう。同じ部屋に Fredrick，母，父，
祖母の 4 人がいる。父と祖母とが話している。母はその部屋を出
ようと，他の 3 人に背を向けて歩き始めた。このとき Fredrick は，
祖母がもってきたプレゼントの箱が気になり，母に話しかけた。
Fredrick は，4 行目までの時点で家族の誰にも関与していなかった
母に話しかけ，彼女を受け手にしようとしていた。母は Fredrick
に返答した（10 行目）ので，彼の試みは成功した。

【断片 5】

4　Fredrick：な，(.) あ，マーマ？

　　　　　　　 Wha- (.) ah Ma:ma?

8　Fredrick：もうひとつ開けていい？

　　　　　　　 Can we open ↓ano:ther one.

10　　　Nina：うん？　もうひとつ開けてもいいよ。

　　　　　　　 Yes? You can open ano:ther one.

(Butler & Wilkinson, 2013, p.40 より。読みやすさを優先し，転記記号
（重複を表す [　]）を削除する改変を行った。訳は筆者による。母子間の会
話と並行して父と祖母との会話が行われていたが，ここでは省略した。行
番号はオリジナルのままなので，とびとびになっている）

　　話し手が会話参加者の「受け手性」（recipiency）を駆動させて
(mobilize)，特定の誰かをみずからの発話の受け手にするために行
うのは次の三つのことである（Butler & Wilkinson, 2013）。

まず，会話参加者がどのような活動に関与しているのかを確認する。断片5では，母が他の3人に背を向けて部屋を出て行こうとするのをFredrickは視覚的に確認した。

　次に，受け手性を駆動させるために必要な動作を行う。断片5では，Fredrickは歩き去ろうとする母のそばに歩み寄った。

　最後に，先行する一連の行為連鎖から「移行適切場」（transition relevance places）を見つけだす。移行適切場とは，現在の発話者のターンが完結して，ターンの移行が適切となる場所を指す会話分析の概念である。次に話す可能性のある者はターンの完結を予測しながら発話を聞き，次に来る自分のターンに備える。Fredrickは母に呼びかけ（4行目），断片5の書き起こしには明示されていないものの，その注意が自分に向いたのを視覚的に確認してから本題（8行目）に入っていた。

　断片5で見た手続きは，子どもに限らず，会話参加者一般が他者の受け手性を獲得する際に発動する手続きだと考えられる。しかしながら，子どもの場合，上記の一連の手続きを繰り返し試みたとしても，周囲の大人の受け手性を獲得することが困難な場合もある。そのときの子どもの行為についても，Butler & Wilkinson（2013）はFredrickの家族を例に検討している。

【断片6】

8　Fredrick：↑パパ？
　　　　　　　↑Papa?

9　　Julian：＞ちょっと待って，Fredrick＜
　　　　　　　＞One se[cond Fredrick＜

10　　Jean：　　　　[ちょっと待ってね，
　　　　　　　　　　[Attendez mon amour, une seconde
　　　　　　　[(お願いだから)
　　　　　　　[(s'il vous plait)

11 Fredrick：[<Julia:n のだ。

　　　　　　[<Julia:n's.

(中略)

23　　Jean：そう，　その[通りよ (------)=

　　　　　　Oh that's ex[actement (------)=

24 Fredrick：　　　　　　　[↑パパ？　ふ, [わ, これ]

　　　　　　　　　　　　　[↑Papa? .h　　[Oh this]

25　　Julian：　　　　　　　　　　　　　　[(---)-]

　　　　　　　　　　　　　　　　　　　　[(---)-]

26 Fredrick：重たい

　　　　　　heavy.

(中略)

40　　Nina：もうちょっと待っててくれる＝

　　　　　　Can you just wait for another second (so-)=

42　　Nina：＝パパが見るまで

　　　　　　=until Papa's look↑ing?

47 Fredrick：((X X [X X X)) ((プレゼントの箱をたたく))

48 Fredrick：　　　[°° パパ¿ (.) パパ¿°°　↑これはパパのだよ：

　　　　　　　　　[°°Papa¿ (.) Papa¿°°　↑This is you:rs.

(Butler & Wilkinson, 2013, pp.43-44 より。読みやすさを優先し，転記
記号（重複を表す [ ]）を一部削除する改変を行った。訳は筆者による。
この会話と並行して父と祖母との会話が行われていたが，ここでは省略し
た。行番号はオリジナルのままなので，とびとびになっている）

　断片 6 での Fredrick は，祖母から父へのプレゼントの箱を開け
ようとして，父にその許可をもらおうとしていた。しかしそのと
き，父は祖母とフランス語で 2 人の会話をしていた。父と祖母が

Fredrick の呼びかけをはっきりと認識していたことは、9～10 行目で「ちょっと待って」と英語とフランス語でそれぞれ言っていたことから公的に示されている。しかも父は、Fredrick に向けて人差し指を立て、話し終えるまで待つように指示していた。このとき母は、夫と義母がフランス語で話す脇に座っていた。2 人がフランス語で話すことにより、彼女はその会話への参加者となりにくい状況だったのだろう。一方で、Fredrick が受け手としたいのは父だった。「ちょっと待っててくれる、パパが見るまで」という母の発話（40～42 行目）は、文字通りには Fredrick に向けられたものだが、状況を考えると夫にも聞かせるものだと解釈することもできるだろう。それは、Fredrick の要求に早く応えて欲しいという要求となっていたのかもしれない。

　断片 6 で示された出来事を注意深く観察すると、Fredrick は先ほどの三つの手続きを実行していたようである。父と祖母の会話を観察し、ときに父に近づき、そして、実に見事なタイミングで、父と祖母の間の会話の移行適切場を同定しながら発話を差し挟んでいた。11 行目や 24 行目の彼の発話に見られるように、祖母の発話が終わろうかというその直前のタイミングで、父への話しかけが行われていたのである。それでも父は祖母との会話を止めないでいた。このときに Fredrick が行ったのは、第一に、プレゼントの箱をバンバンと音を立ててたたくことであり（47 行目）、第二に、ささやき声で呼びかけることだった（48 行目）。これらは会話を構成する通常の手続きからはいささか逸脱したものと言えよう。あるいは、逸脱的であるからこそ、注意をひくものになりうるとも考えられる。Fredrick はこのような手立てを駆使し、父の受け手性を駆動しようとしていたのである。

　Butler & Wilkinson（2013）は、家族会話における子どもの置かれた地位について、二つの権利を区別して説明する。一つは「発話

する権利」(rights to speak), もう一つは「関与する権利」(rights to engage) である。Fredrick は, いついかなる時でも, 発話そのものが阻害されていたわけではなかった。たとえば, 「うるさい, 黙れ」と命令されたり, 物理的に口をふさがれたり, 他の部屋に連れ出されたりはしていない。この点で, 発話する権利は他の参与者によって承認されていた。

しかし, 他方の関与する権利は周囲の大人によって管理されていた。あるときには関与が認められ (断片 5), 別の時には関与が認められなかった (断片 6)。子どもが大人の受け手性を駆動しようとする多様な行為が, 大人による子どもの関与の権利の阻害という行為とともに出現した。すなわち, 子どもが大人を発話の受け手とすることは, 子どもが単に発話すれば成立するのではなく, 大人が子どもの関与する権利を成立させるという出来事なのである。

ここまでで見たのは, 大人の受け手性を駆動しようとする子どもと, 子どもの (そのような言い方があるとすれば)「話し手性」を引き受ける大人という構図だった。

大人の受け手性を駆動しようとする子どものふるまいは, 当然ではあるが, 大人にとって気付きやすいものである (大人に気付いてもらいたくてやっているのだから)。Keel (2015) は, 子どもが大人からの応答を得ようとする言語的・非言語的行動について整理している。言語的行動としては, 発話の反復, 韻律的に特徴的な呼びかけ (大きな声や高い声) が挙げられる。非言語的行動としては, 頭や視線を他者に向けて動かすことや, 手にした物を見せることといった行動が挙げられる。極端な場合は, 子どもが大人の顔を手で直接触れてその目を自分の方に向けさせようとすることもある (第4章の断片 10 を参照)。

しかしながら, これらの子どもの行動は, 場合によっては, 他の会話参与者同士が取るフロアへの無理な「割り込み」と受けとめ

られ，最終的に「発話する権利」そのものが阻害されることもある（O'Reilly, 2006）。ちょうど，本節の冒頭でレインが行ったのを見たように。

3.2　大人を「話し手」にする

　次に，この構図が逆転した出来事について見てみたい。つまり，大人が「話し手」となる，という事態だ。大人が話し手になるのは当たり前だからだろうか，そこに協働的に関与しているはずの子どもの行動について検討した研究はほとんどない。そこで，筆者が行った分析を紹介しよう。

　家族会話を分析するには，まずは，会話を記録させていただく家族からの協力を得る必要がある。幸いなことに，政令指定都市に住むX家のみなさんからの協力が得られた。家族構成は，夫であり二人兄弟の父であるヒサシさん，その妻であり兄弟の母であるジュンさん，ヒサシさんとジュンさんの間の子どもであり，兄弟の兄であるケンさん（調査開始時4歳6ヵ月），弟であるヨウさん（同2歳1ヵ月）の4名（すべて仮名）。ビデオカメラ1台と三脚を渡して，リビングルームに家族全員がそろって自由に活動する場面を，1回につきおよそ1時間，週1〜2回の頻度で撮影していただいた。

　X家で撮影された映像を研究室でじっくりと視聴していると，相互行為の円滑な進行が「ふっ」と宙に浮いたようにわずかな瞬間滞り，ただちに再びやりとりが動き出す場面を見いだすことができた。相互行為の停滞は，そこに参与する人々が何を自然な秩序と見なしていたのか，その秩序の成立にはどのようなリソースを利用されていたのかを，観察者に明らかにする（Jordan & Henderson, 1994）。要するに，映像に記録された「ぎこちなさ」に注目することにより，X家という家族の相互行為秩序を見て取れると期待できる。

では，分析に入ろう。前節で見た子どもと同様に，大人にとっても，特定の会話参与者の受け手性を駆動するのはさほど簡単ではない。当然，話し手となるためには，発話するだけでは十分でない。もし，子どもに受け手性を付与しようとするならば，大人はそのための努力をしなければならない。

　次の断片 7 は，父親のヒサシさんが，長男のケンさんに対して話しかけている場面である。ヒサシさんはケンさんから見て左斜め後ろに座っていた。このときケンさんはテレビヒーローの人形で夢中になって遊んでいたためか，ヒサシさんが何度も呼びかけるものの，なかなか応答しなかった（なお，煩雑となるので，以下，「さん」という敬称を外して名前だけにする。また，「父」や「子」といった関係的呼称を用いない理由は第 4 章で述べる）。まず断片 7 の会話内容が分かるように言語的に書き起こしたデータを示す。次いで，その場における各メンバーの身体的配置など室内の状況を示すために映像から各シーンをイラストで描き起こしたものを示す（図 3.1 ①〜②）。

【断片 7】

1　　ケン：　　や (.)　ほー (.)　ぶし (.)　そんなことしてる場合じゃ
　　　　　　　　ねえだろ (.)　やーぶしゅ (.)　ぶしゅ (.)　ぶしゅ (.)
　　　　　　　　ぶしゅ (.)　ぶしゅ (.)　どぐしゅ (.)　どぐしゅ (.)　ど
　　　　　　　　ぐしゅ ＝

2　　ケン：＝ どぐしゅあー [ちゃー (.)　　　[ふー ＝

3　　ヒサシ：　　　　　　　　 [ケンちゃん (.) [ケンちゃん 〈図 3.1 ①〉

4　　ケン：＝ [ぶふー (.)　びしー [わー　　　　　　[(.) どくしゅ [

5　　ヒサシ：　[ケンちゃん (.)　　 [ケンちゃん (.)[ケンちゃん [ケ
　　　　　　　　ンちゃん

6　　ケン：　　ん？　〈図 3.1 ②〉

7	ヒサシ：	ビデオのさあカメラって (.) まあるいのにさ
8	ケン：	うん
9	ヒサシ：	何でテレビに映すと四角いの
10	ケン：	え (.) ええとねえ
11	ヒサシ：	うん
12	ケン：	テレビが四角いから (.) 四角に見えるんだよ

（発話内容の後の山括弧内は，発話生起時点での映像を示す図の番号。プライバシーの保護のため，発話内容の一部を改変している。以下，断片 8 と9 においても同様）

　断片 7 においてヒサシがケンの名前を 6 回も繰り返したこと（3, 5 行目）は，ケンからの応答を得ようとする試みとして理解できる。Keel（2015）は，子どもが大人の受け手性を駆動する言語的行動として呼びかけの反復を挙げている。大人においてもそれは同様に当てはまると言えよう。

　6 行目でようやくケンはヒサシに「ん？」と応答した。このとき，ただ返事をしただけではないことに注意しておきたい。図 3.1 ②を見れば分かるように，ケンは自分の斜め後ろにいるヒサシの方向へ上半身をねじるようにして体を向けた。結果的に，ケンに顔を向けるヒサシとの間で目が合うこととなる。このような状態が成立して，ようやく，ヒサシはケンに話しかけることができるようになった（7 行目）。

　この断片 7 の事例から分かるように，受け手性を引き受けることは身体的行動として会話参与者に観察可能な出来事である。この場合は，発話者の方に顔を向けることが，受け手性のディスプレイとして機能した。断片 7 でケンが行ったのは，それまでの遊びを中断し，身体をよじり，声を出すことだった。これらの細かな行動の積み重ねが，ヒサシが話し手となることを可能にしていたのである。

① 「ケンちゃん, ケンちゃん」

② 「ん?」

図 3.1　断片 7 におけるヒサシとケンの身体配置と姿勢の変化

3.3 「傍参与者」になる

大人からの呼びかけによって子どもの受け手性を駆動することができたなら，そのままその後の会話が順調に展開されるというわけではない。次の断片 8 を検討すると明らかなのだが，状況によっては，一度駆動された受け手性が子どもによってあっさりと放棄されることもありうる。すなわち受け手性の駆動が話し手との間で交渉されるのと同様に，その維持もまた，常に交渉の対象となりうるのである。決して子どもは，大人からの呼びかけに機械的に反応し，従順に大人の話を聞き続けるわけではない。

断片 8 は，直前に見た断片 7 でのヒサシとケンのやりとりが終わってから約 90 秒後に起きたやりとりである。先ほどは別室にいた母親のジュンと弟のヨウは，この時点ではリビングルーム後方のイスに座って，ビデオカメラの画角に入っていた。

【断片 8】

1　　ケン：それもビデオに入るよその声も
2　　ヒサシ：うふふ入るんじゃないか
3　　ケン：そうだろうわ:びしと:じゅわ:と:[わびしゅ:
4　　ヒサシ：　　　　　　　　　　　　　　　　[スタート何時だったの？〈図 3.2 ①〉
5　　ケン：うん？〈図 3.2 ②〉
6　　ジュン：え:とね〈図 3.2 ③〉
7　　ヒサシ：うん

断片 8 でケンとヒサシは先ほどとほぼ同じ位置，ほぼ同じ姿勢で座っていた。ジュンは画面奥のイスに座っており，ヨウはその右隣に立っていた。

ここで起きていたことを簡単に言えば，ヒサシの発話に反応したケンが応答を中断し，代わりにジュンが応答したという，たったそ

れだけのことである。

　細かく見ていこう。断片 7 とは異なり，ケンとヒサシは断片 8 の開始時点ですでに会話を行っていた。1 行目のケンの発話は「（ヒサシの出す）声もビデオに（録音されて）入る」という意味のものであり，それに対して 2 行目でヒサシが同意する発話を行った。この会話中，ヒサシとケンの顔は互いに向けられたり，カメラに向けられたりしていた。2 行目の発話の途中で，ヒサシは視線を腿の上に置いていた新聞紙に落とし，ヒサシの発話の終了後，ケンは手に持っていた人形で遊び始めた。なお，この間，ジュンはイスに座っており，無言のまま，そばにいたヨウにもっぱら視線を向けていた。ケンが人形で遊びながら独り言のように発話を開始した約 5 秒後（3 行目），その発話に重複させた形でヒサシが「スタート何時だったの」と発話した（4 行目）。これは，調査のためのビデオ撮影をスタートしたのが何時だったのかを尋ねたものである。このときの姿勢や身体配置は図 3.2 ① に示された通りである。ヒサシの発話の直後，ケンは上昇調で「うん」と言いながらヒサシの方へ顔を向けた（断片 8 の 5 行目，図 3.2 ②）。しかしすぐに，視線を手に持った人形にすばやく向け直した（図 3.2 ③）。直後に，ジュンが「えーとね」と発話を開始した（6 行目）。

　断片 7 と 8 は，いくつかの点で対照的だ。まず，ヒサシとケンのそばにジュンとヨウがいたこと。次に，断片 7 冒頭ではヒサシとケンの間での会話が始まっていなかったが，断片 8 ではその直前から会話がなされており，断片 8 においてその会話がいったん中断したこと。これは，ケンがヒサシに向いていた顔を正面に戻し，人形遊びを再開したことから推察できる。そして，ヒサシの発話に対してケンが応答してそちらに顔を向けたときの，ヒサシの身体の状態が異なっていたことである。断片 7 では，ヒサシはケンの方に顔を向けていた。一方，断片 8 では，中断された会話の後

でヒサシが発話したとき（4行目），彼は下を向いて顔を手で覆っていた（図3.2①を参照）。つまり，前者において振り返ったケンが見たのは自分を見るヒサシだったが，後者においては誰のことも見ていないヒサシだった，ということだ。

そもそも，多人数会話としての家族会話には受け手となりうる候補が複数人いる場合がある。すると参与者には，ある発話に対する「受け手が誰なのか」を常に判断し続ける必要がある（Lerner, 2003）。家族会話において，誰かが特定の誰かを受け手として企図した発話を行い，実際に相手が受け手となったとしよう。家族会話を人々の協働として捉えるならば，このとき受け手以外のメンバーは，「受け手性を示さないこと」をしている，と言える。

対面的相互行為における秩序を分析する諸研究では，話そうと思えば話せる立場にいるが，その時点では話し手でも受け手でもない立場にある者を「傍参与者」（bystander）と呼ぶ（Clark, 1996;

①「スタート何時だったの？」

図 3.2　断片 8 におけるヒサシ，ジュン，ケン，ヨウの身体配置と姿勢の変化

② 「うん？」

③ 「えーとね」

図 3.2 （つづき）

Goffman, 1981; 高梨, 2009)。傍参与者には，話し手の発話が聞こえている（ように見える）し，必要があれば話し手と受け手の対話に割って入ることも可能だ（当然，その時点ではすでに傍参与者ではない）。多人数会話に参与する人々に割り当てられ／引き受けられる，話し手，受け手，そして傍参与者といった社会的な役割（参与役割（participation status; Goffman, 1981）と呼ばれる）は，会話の場全体を共時的構造として規定するとともに，それらの間の連関が時間的に動的に展開するものとみなされる。

　これらの概念を用いて断片8を分析してみると，そこでのケンの一連の行動は，傍参与者という参与役割を「積極的に」引き受けようとするものだった，と記述することが可能である。断片8において，映像には家族4人の姿が映っていた。断片7においてヒサシとケン以外の2人がどこにいたのか定かではないのだが，少なくとも断片8では，メンバーの誰もが互いの発話を聞き取るのに十分な物理的範囲にいたということである。このとき，ある発話の受け手が誰であるか，特に，先行する会話が一度中断された後で，ふと起きた発話が誰に向けられたものかは曖昧である。つまり，誰もが受け手になりえたということだ。しかし現実として，ケンではなくジュンが受け手を引き受けた。

　二つの問いを立てることができる。なぜ，ケンは円滑に傍参与者となることができたのか。そして，なぜ，ジュンは受け手になれたのか。

　後者の問いについては，会話の時間的展開を追えば，ひとまず，「うん？」という応答から先に続けて発話せずに人形遊びに戻る一連のケンの行動を観察したために自身が受け手を引き受けた，と考えることが可能である。一方，ジュンが受け手になるためには，「同時に」ケンが（そして，ヨウも）傍参与者を引き受けていなければならない。参与役割は共時的構造として配分されるものだから

だ。大人が話し手，別の大人が受け手となっているとき，子どもたちは傍参与者を引き受けていることとなる。もし，このとき子どもが発話を試みたり，実際に発話したりしたら，大人たちは話し手と受け手の交替を円滑に進めることができない。したがって，家族会話においては，子どもが傍参与者という役割を引き受けることが，大人が「話し手」となるために必要な場合がありうるのだ。

　とすると，問題は前者の問いである。ケンがヒサシに応答しつつ，それ以上の発話の追加を取り下げたことにより，結果的にケンは傍参与者となった。いかにしてケンはそのような行動を取ったのだろうか。言い換えると，ケンが傍参与者という参与役割を引き受けるためにいかなるリソースを利用していたのか。会話分析の枠組みを用いて分析しながら，ケンが傍参与者となる際にリソースとしていたことを特定していこう。

　第一に，ヒサシの発話内容がケンにとって単純に「聞き取れない」，あるいは「わからない」ものであったという可能性がある。5行目での「うん？」というケンの発話は，直前のヒサシの発話に向けられたものと理解できる。このような聞き返しは，会話分析では「修復」（repair）と呼ばれる（Schegloff, Jefferson & Sacks, 1977; 高木・細田・森田, 2016）。相手の発話が聞き取れないなど，会話の円滑な展開を阻害するようなトラブルが発生したとき，会話参与者は会話の中で，会話を通して，そのトラブルの解決を図るが，これが修復である。断片8でのケンの発話は，ヒサシの発話をトラブル源としてその修復を図ろうとしたものとして理解することができる*。4行目でのヒサシの発話は直前から続くケンの独り言と重複しており，ケンには聞き取れなかった可能性が大いにある。さらに，「スタート何時だったの」という発話内容は，「何の」

* ケンの発話が修復の開始として説明可能であることは，高木智世氏（筑波大学）からの指摘による。

スタートなのかが曖昧であり、ケンはその点を明確にするためにヒサシに尋ねた可能性もある。

　第二に、発話の連鎖において、ケンが発話の受け手であったならばヒサシからの反応があるはずのタイミングでそれがなかったために、ケンが自分を受け手ではないと判断した可能性がある。もしもケンが受け手であったならば、彼が開始した「うん？」という修復に対して、ヒサシが「スタート何時だったの？」と繰り返すなど何らかの応答があってよい。しかし現実には、ヒサシからはケンへの応答はなく、それがあるべき発話連鎖上の位置ではジュンによるヒサシへの応答がなされた（6行目）。ヒサシの反応はこのジュンの応答に対してなされていた（7行目）。

　ただし、ケンがヒサシから視線を外し、人形遊びという活動に戻ったのは、ジュンによる応答の直前であった。このことは、ケンにとって、修復しようとした先行発話が自分に宛てられたものではないと判断するリソースが、ヒサシによる言語的反応「以外に」存在していた可能性を高める。自分が受け手ではないと判断する積極的な根拠が、ケンにとって観察可能であったはずだ。

　その根拠は、断片7と8における対照的な第三のポイントであった、ケンが振り向いたときのヒサシの状態、すなわちここでは、「ケンにヒサシの視線が向いていないこと」だったと考えられる。断片8の1～2行目でのケンとヒサシの会話においては、互いに視線を向けあうなど、相手が自分の発話の受け手となるように行動していた。その後、ケンが人形遊びを開始したことによって一度は二者間会話が停止されてそれぞれ独立した活動に参与し始めた。他方で、断片8の4行目のヒサシの発話に対してケンが即座に聞き返したことによって、ケンを相手とする直前までの会話の延長上においてヒサシが発話した可能性についてケンが探索したのではないかと推測することができる。ケンが引き続き会話の受け手であったと

したら，ヒサシの視線が自分に向いていることをケンは確認しよう
とするはずである。にもかかわらず，視線が自分に向けられていな
いことを発見した。

　すると，ケンが傍参与者という参与役割を積極的に引き受ける上
でリソースとなっていたのは，話し手からの視線であった可能性が
高い。ヒサシの発話内容が自分にとって「わからない」ものであっ
たことも，その会話へのコミットを避けようとする動機となってい
たかもしれない。ただ，その場合，ヒサシの発話内容についてもう
少し食い下がって尋ねることもできたはずだ。それすらせずに，あ
っさりとそれ以上のターン取得を放棄した点が，断片8における
ケンの行動の興味深いところである。

　要するに，視線を誰にも向けずにヒサシが発話を行うという条件
下において，ケンは自分が受け手ではないと判断することができた
のである。言い換えると，受け手が受け手となるためには，発話連
鎖上の適切な位置において，話し手からの視線を受けていなければ
ならない，ということだ。受け手になるのも簡単ではない。

　断片8で起きていた出来事を一般化して記述するとすれば以下
のようになるだろう。1人の大人によって始められた会話に直面し
た子どもが傍参与者として行動すると同時に，他の大人が発話の
受け手となった。このとき子どもは大人の最初の発話に応答して
会話に参入しかけたものの，その後のターン取得を放棄していた。
断片8で検討した事例は，家族の間のこうした協働により，結果
的に「親子間会話」ではなく，ヒサシとジュンとの間の「夫婦間会
話」が成立していたものと考えられよう。

3.4　夫婦間会話を支える

　夫婦間会話を支える子どもという観点を，別の事例から補強しよう。断片7や8とは別の日の，X家での何気ない日常の一コマである。

　断片9は，新聞を読んでいたヒサシが，記事の内容を別室（おそらく，リビングルーム横にあるキッチン）にいるジュンに伝えた場面である。2人の子どもたちは5行目のように内容の不明なことばを発しながらリビングルームの中を歩き回っていた。ヒサシがジュンに最後に話しかけたのは1行目が始まる5分ほど前であり，その間，室内で兄弟が歌のように聞こえる発話をしていた。断片9については，会話内容とそのときの映像をイラスト（図3.3①～⑥）で示すとともに，映像のフレーム単位で書き起こしを作成し，発話と視線配布行動の生起タイミングが明らかになるようにした（図3.4）。なお図3.4では断片9での検討対象としたヒサシとケンのそれぞれの発話と視線配布行動，およびジュンの発話を示した（ジュンの姿は映像で確認できないため，視線配布行動については略した）。

【断片9】
1　ヒサシ：んふふ大変だ〈図3.3①〉
2　　ケン：んあ？〈図3.3②〉
3　ヒサシ：ん？〈図3.3③〉
4　ヒサシ：この会社 [扶養手当廃止になるんだよ〈図3.3④〉
5　ヨウ：　　　　　　[はももんじゃん
6　ジュン：[え？〈図3.3⑤〉
7　ヨウ：[ももん [じゃーん (0.6) ももん
8　ヒサシ：　　　　[扶養手当廃止になるんだ〈図3.3⑥〉
9　ジュン：（　）

① 「んふふ大変だ」

② 「んあ？」

図 3.3　断片 9 におけるヒサシとケンの身体配置と姿勢の変化

③「ん？」

④「この会社扶養手当廃止になるんだよ」

図 **3.3** （つづき）

⑤「え？」

⑥「扶養手当廃止になるんだ」

図 3.3 （つづき）

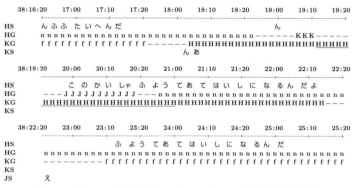

```
      38:16:20    17:00    17:10    17:20    18:00    18:10    18:20    19:00    19:10    19:20
      +----+----+----+----+----+----+----+----+----+----+----+----+----+----+----+----+----+----+----+
HS      ん ふ ふ  た い へ ん だ                                        ん
HG      ーーーーーーーーーーーーーーーーーーーーーーーーーーーーnnnnnnnーーーーーーKKKーーーーー
KG      ffffffffffffffffーーーーーHHHHHHHHHHHHHHHHHHHHHHHHHHHHH
KS                                            ん あ

      38:19:20    20:00    20:10    20:20    21:00    21:10    21:20    22:00    22:10    22:20
      +----+----+----+----+----+----+----+----+----+----+----+----+----+----+----+----+----+----+----+
HS          こ の か い しゃ ふ よ う て あ て は い し に な る ん だ よ
HG      ーーーJJJJJJJJJJJーーーnnnnnnnnnnnnnnnnnnnnnnnnnnnnnnnnn
KG      HHHHHHHHHHHHHHHHHHHHHHHHHHHHHHHHHHHHHHHHHHHHHHHーーー
KS

      38:22:20    23:00    23:10    23:20    24:00    24:10    24:20    25:00    25:10    25:20
      +----+----+----+----+----+----+----+----+----+----+----+----+----+----+----+----+----+----+----+
HS          ふ よ う て あ て は い し に な る ん だ
HG      nnnnnnnnnnnnnnnnnnnnnnnnnnnnnnnnnnnnnnnnnnnnnnn
KG      ーーーーーーーーーffffffffffffffffffffffffffffffffffffff
KS
JS      え
```

図 3.4　断片 9 におけるヒサシ，ケン，ジュンの発話と視線配布行動

(図 3.4 は大きく三つの行で構成されている。各行最上部にある数値と目盛は，撮影された動画先頭からのタイムコードを示す。最小の目盛は 1 フレーム（＝ 1/30 秒）である。各行頭の記号については次の通り。HS はヒサシの発話，HG はヒサシの視線が向けられた対象，KG はケンの視線が向けられた対象，KS はケンの発話，JS はジュンの発話。また，視線が向けられた対象に関する記号は次の通り。n はテーブルに広げられた新聞，f は床，K はケン，H はヒサシ，J はジュン，—は頭が動いていることをそれぞれ示す)

　断片 9 で起きていたことを簡単に言えば，次のようになる。ヒサシが新聞を読みながら一言つぶやき，それに気付いたケンが反応した。ケンは，誰を宛先としていたのか発話時点では不明であったヒサシの発話の受け手を引き受けたのである。しかしこの 2 人の会話はそれ以上続かなかった。その代わりに，ヒサシは体を大きく反り返らせて別室のジュンの方に視線を向けながら発話をし，彼女を受け手とすることに成功した。たったそれだけのやりとりである。

　ここで注目したいのは，ケンの行動だ。彼がとった行動は，見たところ，ヒサシのつぶやきに反応したことだけである。その後はじっとヒサシに視線を向けるだけで，すぐにそれまでの遊びに戻ってしまった。

　どうということもない行動かもしれないが，しかし，以下に示す

詳細な分析を通して，ケンのとった行動は発話の留保であり，これによりヒサシはジュンを受け手とすることができたことが明らかになる。同時に，参与役割という点では，ケンの行動は，みずからを傍参与者とするものだったのである。要約すれば，ケンは沈黙することを通して，ヒサシとジュンという夫婦間会話の成立に関与していたのである。

では，確認してみよう。1行目でヒサシは，テーブルの上の新聞に目を落としつつ，鼻から息を抜くように笑った後で「大変だ」と発話した（図3.3①）。発話終了時点から約0.6秒後，リビングルームを歩き回っていたケンが歩くのを止め，ヒサシの方に顔と身体を向けて「んあ」と上昇調で発話した（2行目，図3.3②）。発話終了時から約0.5秒後からヒサシは顔を上げはじめ，ケンの方に視線を向けながら，上昇調で「ん」と発話した（3行目，図3.3③）。3行目の発話の直後，ケンに視線を向けると，ヒサシは前屈みであった姿勢を起こし，顔を右横に向けながら「この会社扶養手当廃止になるんだよ」と発話した（図3.3④）。その際の声量は前後のヒサシの発話と比較すると相対的に大きなものであった。その際，ヒサシの視線はケンから外れ，ジュンのいるキッチンの方向に向けられているように思われた。そう思われたのは，続く6行目でジュンが「え？」と聞き返す発話をしたからである。このときヒサシは，再び前傾して新聞に視線を向け（図3.3⑤），4行目とほぼ同内容の発話「扶養手当廃止になるんだ」を行った（8行目，図3.3⑥）。それに対してジュンが何かを発話したようであったが，観察者には聞き取ることはできなかった（9行目）。

一方でケンは，ヒサシがジュンの方に視線を向けて発話している間，ヒサシの方に視線を向けていたが（4～7行目），8行目で顔を床の方に向け，そのまま時計回りに身体を反転させた（図3.3⑥）。図3.3の②から⑤で示されるように，断片9のエピソードのほとん

どにおいてケンの表情は映像に映っていなかった。それにもかかわらずケンがヒサシに視線を向けていたことが推測できたのは，4～6行目（図3.3③～⑤）にかけてヒサシが顔の向きをケンからジュンへ，さらに手元の新聞へと動かしていたのと連動して，それを追従するようにケンの頭の角度もわずかではあったが動いていたためである（その動作については，図3.4の1行目から2行目にかけて，ケンの視線を示す記号に下線を引いて示した）。

　断片9の特徴は，ヒサシの最初の発話には受け手を指定する呼称が明示的な形では含まれておらず，さらに誰にも視線が向けられていなかった点である。まず，呼称を使わずにいたことはヒサシのすべての発話を見れば明白である。視線について見ると，1行目のヒサシの発話は手元の新聞を見ながらなされたものであり，特定の誰かに視線が向けられていたのではなかった。そのため1行目の時点での受け手が誰なのかはあいまいであり，ヒサシの発話は半ば独り言のように聞くことができる。

　2人の子どものうちケンに注目すると，ケンが傍参与者となることは少なくとも二つの出来事の生起によって達成されたものと解釈できる。順を追うと，一つ目はヒサシがジュンを発話の受け手とすることを目的とした非言語的行動をとったこと，二つ目は夫婦間会話への参入をケンが留保したことである。

　順序を逆にして，まず，ケンによる参入の留保について述べる。それを示す行動は少なくとも二つあった。ヒサシの発話の直後にターンを取得したもののそれ以降ターンを取得しようとしていないこと，および8行目以降に視線と身体の向きをヒサシから逸らしたことである。2行目から7行目までの間に，ケンの視線はヒサシの方にほぼ固定されて向けられていた。ただし，わずかではあるが，ヒサシの顔の動きと連動してケンの頭が左右に振られていた。このことは，ケンがヒサシの動作に注意を向けていたことを示すものと

考えられる。

　次に，ヒサシがケンではなくジュンを受け手として発話をデザインしていたことは，主にその非言語的行動から推測できる。このことは，4行目でヒサシが上半身を起こして，ジュンのいる方向へ視線を向け，その後はケンに視線を向けることなく再び新聞をのぞき込むように前傾姿勢をとったことに示されている。

　こうした行動は，この間，ヒサシに注視していたケンにとっては，ヒサシの発話に対する受け手は自分ではないと判断する手がかりとして機能していたと考えられる。まず，ヒサシの最初の発話へのケンの反応に対して，ヒサシは視線をケンの方へ上げてすぐに「ん」と言った（図3.3③）。このことは，ヒサシがケンの発話の受け手を引き受けたことをケンに示すものである。このときケンもヒサシに視線を向けており，一瞬ではあったが，両者にとって互いの視線の方向を確認可能な身体配置がとられた。しかしヒサシは，ケンから視線をそらしつつ，ジュンを志向する言い直しを行い，続いてジュンから視線を外すと，再び新聞の方へ視線を向け直した。つまりヒサシは，ケンが自分に視線を向けていることを確認した後，ジュンに視線を向けることと，ケンに対して再度視線を向けずに新聞を見ることという，二つの連続した視線配布行動を行っていた。ヒサシによるこうした視線の配布デザインは，ケンを発話の受け手としては想定していないことをケンに対してディスプレイする機能を果たしていたと考えられる。

　この場面では2歳のヨウも室内にいたが，ヒサシの発話の受け手としては扱われていなかった。高木（2008; 2011）によれば，2歳の幼児も会話の組織化に有能に関与する。しかしヨウは，ヒサシのすべての発話に対して言語的にも非言語的にも反応していなかった。端的にヨウは大人たちが展開する相互行為とは別の何かに関与していたのかもしれない。同時に，ヒサシやケンもまた，断片9

で歌われていたヨウの歌（7行目）を自分たちの会話とは関係のないものとして扱っていた。それは、ヨウの行動に対して視線や発話をまったく向けていなかったことから推測される。

　参与者によるこれらの行動の連鎖を要約すると、子どもが傍参与者となるという出来事の協働的な達成は以下の二つの出来事が連鎖的に生起して構成されていたと言える。すなわち、「発話者が視線を移動させることによって、発話の受け手として企図した者が誰であるかを他の参与者にディスプレイしたこと」と、「会話への参入が可能であった参与者が、発話者の視線の動きを手がかりとして、自分が受け手ではないと判断し、会話への参入を放棄したこと」である。

　断片9でのケンによる参入の留保は、自分がヒサシの発話の受け手ではないという判断に基づいていたと推測されるが、その判断を行う手がかりとしてケンが探索していたことは二つあったと考えられる。一つはヒサシの視線が「誰に向けられるか」であり、もう一つは「自分に向けられるか否か」である。前者はジュンのいる方向へヒサシが視線を向けたという行動を観察することで判断可能であった。後者については、ヒサシがジュンから新聞へと視線を動かした後も、ケンがヒサシに対して約1秒以上も視線を向け続けたこと（図3.4参照）から推測される。断片9の2〜3行目においてヒサシとケンとの間で一度は話し手と受け手の関係が成立していたことから、参与役割のこうした布置が再組織化される可能性を確認する手がかりとして、ケンはヒサシが自分に視線を向けるかどうかを探索していたと推測できる。

　ここまで、家庭という場において子どもと大人の間で展開される相互行為の微視的な分析を紹介してきた。そこでの子どものふるまいを、大人とともに協働して会話の組織化に寄与する行動として描いてきたつもりである。

多人数会話は発話者以外の参与役割が多様化する状況である。そうした場において，発話が誰かに受けとめられるという出来事は，発話者が「話し手」になると同時に，受けとめた人が「受け手」になるという連関的な構造として記述することができる。このような枠組みのもとで，子どもが「話し手」になると同時に大人が「受け手」になるという出来事と，子どもが「傍参与者」に回って大人同士を「話し手」と「受け手」にする出来事を記述してきた。

　家族会話のみならず，医療場面や相談場面などにおいて，子どもの関与する権利はしばしば制限される（Tates & Meeuwesen, 2000; O'Reilly, 2006）。そうした場合でも子どもは受け手を獲得しようとさまざまな言語的・非言語的行動を駆使し，他者からの応答を求めていた。大人同士で会話をする脇から応答を催促する子どものふるまいは，ともすると「割り込み」として記述されるかもしれない。その割り込みに応答する大人からすれば，子どもにつきあっているのはむしろ自分たちの方だと言いたくなるかもしれない。

　しかし，本章で見たような子どもの行為は事情が少し違う。断片8や9で見たのは，子どもを目の前にしながら妻に話しかける夫の一連の行為だった。大人には大人なりにやりたいことがある。子どもはそのとき，大人のしたいことを阻害することなく，むしろ，自分のさらなる行動を留保して大人同士の相互行為を側面から支援することが可能なのだ。ヒサシからの注視の不在に気付いて彼との会話継続を中断するケンの行動は，その意味で，夫と妻の間のなにげない会話を成立させるための重要な寄与であったと考えられるのである。

　本章での分析の意義はどこにあるのか。家庭や実験室といった場面における大人と子どもの間の相互行為を分析の対象とする研究の多くが関心を寄せてきたのは，子ども個人の能力や，そうした諸能力の発達を大人がいかにして支援するのかという問題であった。そ

うした立場では，家族会話を分析する観点は，「家族が子どもの言語獲得をいかにして支援するか」という問いとして提起されていた（ブルーナー, 1988）。

　こうした問いは研究者にとっては当然のものだろう。しかし，対象となる家族にとっては必ずしも自然なものではない。なぜなら，家族は子どもの言語獲得を支援しようとして常時活動しているわけではないからだ。見てきたように，子どもがそばにいる状況下であっても，大人は自分たちだけで会話をしようとして行動する場合もある。本節で検討した事例においても，子どもがそばにいて，なおかつ彼が会話への参加意図を示す発話を行った後もなお，夫婦は互いを受け手とする会話を行っていた。

　本章の分析が明らかにしたことは，このようなときに子どもは会話に受け手として参加することを留保し，傍参与者として行動できるということだった。見方を変えると，子どもは，自分以外の家族が円滑に会話を行えるような環境を，傍参与者という参与役割を引き受けることによって能動的に組織したのである。伝統的には言語発達の支援を受ける存在として想定されてきた子どもが，逆に，他者の会話成立を間接的に支援したといえる。大人と子どもの相互行為をこのような観点で分析することは，従来はほとんど行われてこなかったものであろう。

第4章 子育て実践への文化歴史的アプローチ

　前章では，一見すると何もしていない子どもの姿に，傍参与者となって会話の場を組織するという寄与を見いだした。この主張に対して，子どもはただ，ボーッとしていただけではないか，何もできなかっただけではないか，有能さではなく無能さの現れではないか，という批判がただちに起こりそうである。

　それに対して，別の角度から議論を発展させることにより，前章の主張を間接的に擁護してみたい。もしかすると実際にケンは何かをしようとしたわけではなかったのかもしれない。あるいは，ケンは何かをしようとしたけれども何もできなかったのかもしれない。しかしそのおかげで，夫婦間会話という出来事が結果として成立した。そして，その限りにおいて，ケンは場の成立への寄与に成功した。このことは，同じような状況下において，ケンに「何もしない」という行為を再び選択させるよう動機づけるのに十分だろう。二度目の「何もしないこと」は，たまたまそうであったというよりも，むしろ選び取られたものであるかもしれない。

　まずは全体としての出来事が成立し，それから子どもの自覚的な行為の選択が起こる。個人としての子どもの変化過程に注目するならば，ことの順序はこのように表現できよう。個人の変化がまず起きて，そうしてはじめて目指す出来事が成立する，という順序ではない。逆である。

出来事が成立し，そこに子どもが寄与していて，そのことが子どもの変化のきっかけとなる，という比較的マイルドな主張は，前述のように批判する者にとっても受け入れ可能なものだろう。このような主張は筆者の発案ではない。心理学における「文化歴史的アプローチ」（cultural historical approach）と呼ばれる伝統に由来する発想である。

　本章ではまず，子どもと大人の生活の全体の成り立ちや，その変化を契機にして人々に変化が起こる過程を記述するための理論枠組みについて述べる。その後で，現代社会において家族という「制度」を成立させる条件と，その条件下で固有なかたちで展開される家族会話の具体的な様子を見てみよう。

4.1　文化歴史的アプローチとは

　子どもの特定の行動の，当人にとっての意味を研究者が理解するためには，子どもの日常における社会的環境全体を見るとともに，生活する社会文化的状況においてその子どもが何者として存在するのかを見る必要がある。このような考え方は，子どもが作り出し続ける意味を生活の文脈とそこへの参加の仕方を通して理解する，と要約できる。

　これは，ロシアの心理学者であるヴィゴツキーやレオンチェフの思想に起源をもつ文化歴史的アプローチに立脚する研究者たちが共有する立場である。この立場を採用する研究者たちは，子どもの具体的な生活から研究を出発させるという点で共通する。そうした態度を，このアプローチの創始者の1人であるレオンチェフは次のように述べる。

　　　子どもの精神発達を研究するには，彼の活動の発達を分析することからはじめなければならない。つまり彼の活動が所与の

具体的な生活条件の中でどのように組立てられているかを分析することから始めなければならない。このような接近方法によってはじめて，子どもの外的生活条件の役割も，彼が有する素質の役割も解明されうるのである。

（レオンチェフ, 1975, p.43 より）

　レオンチェフは，生活の具体的な状況での「活動の発達」を子どもの精神発達研究の中心に据える。この「活動」ということばは，「レクリエーション活動」や「活動的な人」といったようにふだんからよく使われることばなので，注意が必要だ。茂呂（2012）は，「活動」という語を次のように簡潔に説明している。

　　活動（activity, deyatel'nosti, Tätigkeit）とは，私たち人間が，協同しながら，道具や記号を手にして現実世界に向かって行う，有意味で能動的な実践（プラクティス）を意味する。活動は，生存のため必要に迫られた実践であり，その実践を通して私たちは何らかの事物を産出する。この事物産出を通して現実世界は作り替えられると同時に，この作り替えが私たち自身にも変化をもたらす。

（茂呂, 2012, p.4 より）

　活動という概念のこの解説でおさえておかなければならないのは二点ある。第一に，人間の活動を方向づけるものとしての動機（motive）と対象（object）である。

　レオンチェフによれば，活動とは「肉体的で物質的な主体の生活過程の全体的な単位」であり，「主体を現実の対象的世界の中で定位させることをその機能としている心理的反映によって媒介された生活過程の単位」（レオンチェフ, 1980, p.68）である。すなわち活動とは，生きた人間の心理的過程を分析する上でそこに関与するさ

まざまな要素を統合する単位である（Zinchenko, 1985）。

　レオンチェフ（1980）は，現実世界における人間の心理過程を説明するための枠組みとして，活動，行為，操作という三つの層から出来事の過程を分析するというアイディアを導入した。これらの概念を通して私たちは，現実世界の具体的な個人がいったい何のためにある行動を行うのかという点に目を向けることができるようになる。

　活動を記述するのに必要な概念は，主体の動機である。レオンチェフ（1980）は次のような例を挙げる。歴史の本を読んでいた生徒に，友達が「今度の試験の範囲はその本ではない」と告げたとき，その生徒は本を放り出すだろうか。それとも読み続けるだろうか。放り出した場合，読書の動機が「試験に合格すること」にあったのは明らかだ。一方，読み続けるならば「その本の内容」が読書の動機になっていたと考えられる。歴史の本を読み続けていたのは，読むという行動の目的がその人の動機と一致していたからだ。このように，行動の目的と個人の動機とが一致している心理的過程をレオンチェフは「活動」と呼ぶ。

　彼はさらに，活動を構成する諸過程を分析する概念として，「行為」や「操作」を提案した。行為とは，それが向けられる対象とその動機とが一致していない過程である。先ほどの例でいえば，試験に合格することを動機として生徒の行う読書は「行為」であった。操作とは，ある目的をもってなされる行為を具体的に遂行するための手段である。操作は，ある条件のもとで，ある課題を達成するために必要となる。先ほどの例でいえば，本のページをめくることは操作の一つである。

　活動という概念に関しておさえておくべき第二の点は，人々は活動を通してみずからの生きる条件を変化させ，同時にその条件の変化を通して私たち自身も変わる，すなわち，活動を実践する私たち

はそれを通して発達するという主張である。

> 社会的存在としての人々はその生きるための条件をみずから
> 創造し，同時に再創造している。人々は既存の世界に適応する
> のみならず，ある程度は（その歴史的過程において成長しつつ
> ある）世界を能動的に作り替えている。活動とは，人間と世界
> との間の根本的で特殊な関係性の形態である。その内実とは，
> 人々によって占有され，さらなる発展をとげる文化に基づい
> た，目的志向的な世界の調整と改変である。
>
> （Lompscher, 2002, p.80 より。訳は筆者による）

　上記で Lompscher が主張するような個と環境の相互構成的な過
程，すなわち生きるための条件の創造とそれによる人間自身の変革
は，対象性という概念が起点となる。現実世界，つまり動物として
の人間が生活する世界を構成する物質的環境は，そこに住まう人間
にとって何にでもなりうる世界である。人間が何かをしようとする
に際して，この物質的環境から何らかの特徴が相関して浮かび上が
り，対象化される。つまり，行為の対象ははじめから決まった形で
そこにあるのではなく，人間の目的的な行為と同時に出来する。

　活動を支える動機は，個人に閉じたものではない。現実世界と関
係なく個人の内面から湧き上がるようなものではない。それは常に
人間の生活のための条件に依存する。さらに，その条件とはむき出
しの自然によって規定されたものではない。それは，人間という種
の現在までの活動を通して変革された結果としての，文化的で歴史
的な条件である。レオンチェフは次のように述べる。

> 人間の活動がどのような条件下でどのような形態をとって経
> 過していようとも，またどのような構造を持っていようとも，
> 社会的関係，社会の生活から切り離して人間の活動をとらえて

はならない。極めて独自なものである場合でさえ，個人として
の人間の活動は社会の諸関係の体系の中に包み込まれた一つの
系である。これらの関係の枠外では人間の活動はまったく存在
し得ない。人間の活動の存在形態を決定するのは，物質的な，
あるいは精神的な交通（Verkehr）の形態，手段である。こ
れらの交通の形態，手段は，生産の発展によってうまれたもの
であり，具体的な人々の活動の中でしか実現され得ない。

（レオンチェフ, 1980, p.69 より）

　有元と岡部（2008）が述べるように，「お金が欲しい」「おいし
いものが食べたい」「スポーツで遊びたい」といった動機は私たち
にとって馴染み深いものである。これらは，紙切れに交換可能な価
値を認めること，家庭で美味しい料理が作れるように産業や流通
を組織すること，スポーツに必要な道具やルールを整備することを
必須の条件とする。これらの諸条件は，人間がこれまでの歴史の中
で作り出し，文化の中で共有し，さまざまな人工物と複雑な社会的
関係に基づいてはじめて存在するものだ。言い換えると，私たちが
生活するこの世界はすでに誰かによって「デザイン」（有元・岡部,
2008）されたものである。私たちが生活し，そこに意味を見いだ
すはずの世界は，人間の集合的な活動を通してすでに改変されてい
る。そうした世界において私たちが目的的な対象を知覚するとき，
すでに私たちの活動は社会的なものである。
　このように，現実世界で生活する人間の具体的な心理過程を分析
するため，文化歴史的アプローチは，活動を単位として用い，その
背後にある動機を文化的，歴史的，社会的なものとして措定すると
いう方法論を採用するのである。

4.2 活動としての「子育て」と子ども

　文化歴史的アプローチに立ち，大人と子どもという関係を検討してみよう。「子どもを育てる」とは大人がもちうる動機の一つだろう。そこには，目の前にいる他個体を「子ども」として対象化すること，育てるという行為を可能にする人工物の用意や使用，逆にそれを阻害する危険な状況の排除といった諸条件が必要となる。子どもを産み育てるという，最も生物的であるように思われる営みですら，現在の人間にとってはすでにきわめて文化的，歴史的な活動である。

　この主張は，目の前の個体を「子ども」と見なす個体，すなわち養育者にとっては妥当である。しかし，その活動の対象たる「子ども」にとってもそうなのだろうか。子どもたちとかかわるとき，養育者は「私たちは子どもを育てている」と自覚できる。つまり，行動の目的と個人の動機とが一致している。しかし，その対象たる子どもが「私は『子育て』活動に参加している」と自覚しているとは，あくまでも推測だが，考えにくい。子どもの動機は，もっと別のところにあるように思われる。

　第3章の断片5と6において，大人の注意を引いて発話の受け手としようとする子どもの試みを紹介した。そもそも，子どもが大人の注意をひこうとするのは，大人の関心が子どもから離れているときだろう。一方で，話しかけようとする子どもにとっては，受け手候補である大人が動機であり，対象である。つまり，大人のしたいことと，子どものしたいことの間にズレがあるから，子どもは大人の注意をひくのである。子どもが大人の受け手性を駆動する方法について分析した Keel（2015）から例示しよう。

　断片10の主役は2歳の Clara である。Clara は風呂上がりで，母親に着替えを手伝ってもらっていた。そのそばには4歳の兄もいたが，母親は娘に着替えをさせながら兄にも注意を払っていた。

母親はさらに，胸に生後1ヵ月の赤ちゃんを抱えて授乳をしていた。つまり母親は，同時に3人の子どもに注意を払うという離れ業を見せていた。そうしたなか，手に持っていた丸いチーズが落ちて床の上をコロコロと転がっていくところを Clara は見ていた。

【断片 10】

15　Clara：あれおもしろいね
　　　　　　that's funny

16　(0.6)

17　Clara：どう？
　　　　　　huh say?

21　　兄：((何かでシンクをたたき，音を立てる))

22　　母：((兄に厳しい視線を向け，左腕を伸ばしてその体をつかむ))

23　　母：＝ね
　　　　　　=mh

24　(0.2)

26　　母：＝<u>そんな，そんなことしちゃだめって知ってるでしょ</u>＝
　　　　　　=YOU KNOW THAT THAT'S NOT ALLOWED=

27　　母：((怒ったような目つきで兄を見る))

28　Clara：(あれ) おもしろいよ
　　　　　　(that's) funny

30　Clara：<u>マ↑::マ</u> (0.3) (どう) あれ おもしろいね＝
　　　　　　MO↑::M (0.3) (huh say) that's funny.=

31　Clara：((右手を母親のアゴに伸ばし，上に持ち上げる))

32　　母：((Clara に視線を向ける))

33　　母：＝そうね，ころころっておもしろいね
　　　　　　=yeah::, that's funny how it rolled.

（Keel, 2015, pp.8-9 より。読みやすさを優先し，転記記号（重複を表す [ ]）を削除する改変を行った。訳は筆者による。一部を省略しているが，行番号は原文のままであるため，とびとびとなっている。Clara たちの実際のやりとりはフランス語でなされていたが，論文中の英訳の方を参照している）

　ここで興味深いのが，Clara の行動である。彼女は転がっていったチーズについて感じたことを母親に何度も話しかけていた（15, 28 行目）。特に，15 行目の Clara の発話の後に生まれたわずかな沈黙は，彼女にとっては「応答の不在」と判断するには十分な間だったようであり，続く 17 行目で「どう？」と母親の返答を求めた。しかしながら，母がいっこうに返答しないばかりか，騒音を立てる兄に注意が向き始めたのを見た彼女は，実力行使に出た。互いの目が合うように，母のアゴを持ち上げたのである（31 行目）。受け手性を駆動しようとする直接的な行動だと言えよう。

　このやりとりを活動として眺めると，どうだろうか。母親は，赤ちゃんの授乳をしつつ，風呂上がりの Clara の着替えを手伝いつつ，そばにいた兄の乱暴なふるまいをいさめていた。これらの行為は，いずれも「子育て」という活動を構成する。日常的な言い方をすれば，「子どもの世話」をしていた。

　他方で，Clara は「子どもの世話」をしていない。もちろん，Clara が母親の前に身体を置き，母親の着替えに身を委ねることが，母のその活動を可能にする。その意味で Clara は相補的な有能さを発揮していたと言える。一方で，Clara の動機はおそらく，母親と話をするということにあっただろう。すなわち，目の前にいる母という対象がそのまま動機だった。このことは，母親の活動にとって Clara と話すことは必ずしも必要でない一方で，Clara の活動にとって母親と話すことこそが必要（というより，それが目的

＝対象）ということから明らかだ。Clara が母のアゴを持ち上げたことは，自己の動機を満たすための行為であった。

　ただし，母親もまた Clara の行為につきあうことを通して活動を成立させていたと考えられる。Clara の行為（アゴを持ち上げること）を拒否したとしたら，もしかすると彼女はどこかに行ってしまい，泣き出したり，かんしゃくを起こしたりするかもしれない（Clara がそういう子どもかどうかはもちろん分からないが）。そうなったなら，3 人の子どものケアをするという母親の活動は完遂までの手順が複雑化する。要するに，余計に手間がかかる。だから，母親にしてみれば，自分の活動を成功させるために Clara の活動にも寄与する必要があった。このように複数の活動に並行して従事する個々人の行為の複雑なせめぎ合いとして，家族の日常を描くことができる。

　大人と子どもによる日常的な生活を記述するとき，かれらの間にある動機の違いは，大きな意味をもつ。子どもが参加する活動は，いかなる動機に基づいたものなのか。こうした問いをたてつつ，子どもの生活とそこでの子どもの発達を記述していくことが，文化歴史的アプローチの方法論を構成する。

　子育ての対象である子どもの視点から，家庭など広く子育てや社会化を目的として文化的，歴史的に作られた場を見てみるとどうなるだろうか。子どもの視点から子育ての場を見ることは，まさに，そうした場にいる大人にとっての死角だろう。この素朴な，しかし突き詰めて考えれば難しい問いに答えようとしているのが，文化歴史的アプローチに立って子どもの発達という問題に取り組む研究者たちである。

4.3 文化歴史的アプローチに基づく精神発達理論

Hedegaard（2001; 2009; 2012）は，ヴィゴツキーやレオンチェフのアイディアや文化歴史的アプローチの発想に基づいた，子どもの精神発達に関する理論的枠組みを提案している。そこで示された理論枠組みの独自性を挙げると，次の二点となる。第一に，子どもはある特定の社会的制度における実践（the practice of the societal institutions）に参加する。第二に，子どもの精神発達はその社会的環境との関係の変化を契機として生起する。

第一の点から説明していこう。Hedegaard による理論枠組みのポイントの一つは，個人の独自の動機に基づく活動と，社会的諸条件に基づく制度的実践とを明確に区別した点にある。大人も子どもも，それぞれ独自の動機にしたがって活動する。すでに述べたように，個人の動機とはそもそも社会的なものである。しかしこの「社会」なるものの総体を私たちは一度に把握することはできない。私たちが触れることができるのは，そうした社会によって組織された制度にガイドされて展開される具体的実践である。Hedegaard はこれを「制度的実践」（institutional practice）と呼ぶ。子どもの成長と発達を目的とする実践を行うためにデザインされた「家族」や「保育園」，「学校」はいずれも制度であり，そこで展開される人々の活動が制度的実践なのである。これらの制度を支えるのは政治的，物質的，文化的，価値的な諸条件であり，そうした諸条件が個々の社会によってもたらされる（Hedegaard, 2001; 2009）。

たとえば，子どもや大人たちは学校という制度の中で行われる授業や放課後クラブといった制度的実践に携わる。この制度的実践は，校舎という建造物，教師や同級生の存在，用意された教材，実践を可能にするさまざまな手続きや規則，子どもの学習に関する価値観などの諸条件によって支えられている。そうした諸条件の存在を可能にするのが人々の具体的な結びつきの総体，すなわち社会で

ある（Fleer & Hedegaard, 2010）。ただし，社会そのものを私たちは知覚することはできない。「社会はその制度的実践を通して存在する」（Hedegaard, 2001, p.23）のである。

　多くの社会は，子どもの発達をねらいとした制度を複数もつ。私たちの社会には，学校のほかにも家庭や保育園，地域の児童クラブなどの制度がある。それぞれの制度はそれぞれ固有の諸条件によって支えられている。したがって，制度の間で共通する条件もあるものの，条件の違いに応じてそれらの間に矛盾も存在する。たとえば，家庭と学校との間で「子どもにとって良い学習」に関する考え方に齟齬がある場合もありうる。

　諸制度には固有の制度的実践があり，子どもたちは大人とともにそうした実践に参加する。しかも，子どもは成長の過程で，社会が用意したこれらの制度を横断的に，あるいは縦断的に経験する。1日の中で複数の制度の間を横断したり，入学や卒業のように短い期間である制度から別の制度へ移行したりする。同時に，一人ひとりの子どもはそれぞれの制度の枠の中で，みずからの動機にしたがった固有の活動を行う。このとき，子どもが行おうとする活動によっては，制度的実践との間に矛盾を引き起こす可能性があるのである。

　Hedegaard（2009）の理論枠組みでは，子どもの精神発達が起こる環境を三つのパースペクティブから見る。第一が社会（society's perspective），第二が諸制度（institutions' perspectives），第三が子ども自身のパースペクティブ（children's perspectives）である。社会的パースペクティブは，子どもの発達をめぐる価値観，規範，言説の伝統からの見え方である。制度的パースペクティブは，それぞれの制度における実践からの見え方である。子どものパースペクティブの背後には，具体的な子どもが何に関わろうとしているのか，何をしようとしているのかという具体的動機がある。

Hedegaardはこの三層構造（図4.1）で子どもから見た生活環境の記述を試みている*。

　Hedegaard（2009）による，幼稚園に通う5歳の男児の例を挙げよう。彼の家庭はその教育方針として「学校のような活動」への志向をもっていたようだ。そのような男児が通う幼稚園において，あるとき，ある教師が彼をなだめようとして抱こうとした。しかし男児はその手をはらいのけ，教室を飛び出していってしまった，という出来事である。

　この教師の行った行為は，子どもをケアし，遊ばせるという制度的実践を実現しようとしたものだったと考えられる。一方で，男児は教諭からのそのような関わり方を拒否した。このことをHedegaardは，男児が家庭においてなじんでいた制度的実践と幼稚園でのそれの間のズレとして理解できるとする。すなわち，男児が幼稚園においてやりたいことと，実際にやらせてもらえることとの間には矛盾があった。そのように説明することが可能である。

　これとは逆のケースとして，子どもやその家族が，学校で展開される諸実践と家庭内のそれとの矛盾に悩むということもある。Fleer & Hedegaard（2010）が報告するオーストラリアに住む低所得者層のある家族は，家庭の中では部屋から部屋へと常にうろ

---

* この三層構造で描かれたモデルは，Hedegaard（1999; 2001）にも，おおよそ同じ構造として掲出されている。Hedegaard（2001）によれば，この三層構造モデルは，ヴィゴツキーによる心理的道具論（ヴィゴツキー，1987），ワルトフスキーのアーティファクト論（Wartofsky, 1979），レイヴとウェンガーの状況的学習論（Lave & Wenger, 1991），そしてブルデューによる文化的な「場」の理論（ブルデュー，1990）を総合させたものだとされる。Hedegaard（1999）においてはデンマークに暮らすトルコ系移民の親の，子に対する教育観に潜む矛盾がこのモデルで分析されており，モデル中の「個人」には「トルコ系移民の親」が当てはめられている。Hedegaard（2009）やFleer & Hedegaard（2010）では，「個人」に子どもが当てはめられており，個人から見た発達過程というテーマが前景化してきたと考えられる。

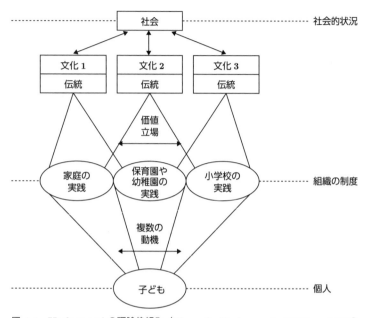

図 4.1　Hedegaard の理論枠組み（Fleer & Hedegaard, 2010, p.152 の
　　　　Figure1 を翻訳）

うろと歩き回り，別の部屋にいるメンバーともコミュニケーション
をとろうとするライフスタイルをとっていた。この家庭に暮らす小
学生の男児が，こうした行動パターンを小学校の授業に持ち込んだ
とき，教師は彼のいつもきょろきょろする姿に何らかの発達障害の
可能性を見て取ったという。教室とは，たくさんの子どもたちがお
り，常に誰かがどこかで声を上げている状況である。この男児にと
って，そうした声から必要な情報を探ろうとすることは，家庭にお
ける制度的実践に由来するものだったはずだ。

　これらの事例が示すのは，ある社会が用意する複数の制度の間に
ある矛盾が，制度的実践に従事する大人と子どもの視点の矛盾とし
て発現した姿である。

次に第二の点である。子どもの精神発達はその社会的環境との関係の変化を契機として生起する。ここで出てくるのが「発達の社会的状況」（social situation of development; ヴィゴツキー, 2002）という概念である。発達の社会的状況とは，ヴィゴツキーが『年齢の問題』と題した論文で提起した概念である。この論文は，人間の発達段階を，単純な暦年齢や身体の表面的な特徴ではなく，その発達のしくみにしたがって説明しようと試みたものである。

　ヴィゴツキーの発達段階論の特徴は，個人の人格，すなわち心理的諸能力が連関的に構造化された個々人に固有の心理システムと，それと接触しつつも独立した構造をもつ個人を取り巻く社会的環境とが包括された全体的なシステムの運動の帰結として発達段階の形成を説明するところにある（高木, 2011）。

　個人の内的な変化として，ある時期になると個人の心理システムに新しい機能が生じる。これをヴィゴツキーは「新形成物」と呼ぶ。たとえば1歳をすぎた頃に現れる話しことばは，それまでの子どもには見られなかった新形成物である。子どもは話しことばを用いて他者にはたらきかけ，また他者のそれを手がかりとして行為するようになる。すなわち，話しことばの出現により，周囲の社会的環境との関係の仕方が変化する。周囲の大人もまた話しことばによって子どもと接触するようになる。こうして子どもと大人を包括する関係全体が，子どもの話しことばの出現という契機を経て，それまでとはまったく違ったものとなる（ヴィゴツキー, 2002）。

　「発達の社会的状況」とは，上記の発達理論において，新形成物の出現に相即して，子どもにとって固有の関係をもつものとして浮かび上がる社会的環境の諸側面を指す。

　　各年齢時期のはじめに子どもと周囲の現実，とりわけ社会的
　　現実との間に，その年齢に固有のまったく独自な，特別の唯一

無二の関係が形成されることを認めねばなりません。この関係を私たちは，その年齢における発達の社会的状況と名づけます。(中略) それは，子どもが人格の新しい特質を，発達の基本的源泉としての社会的現実から汲み取りながら獲得する道筋や形態，社会的なものが個人的なものになる道筋を完全に決定するものです。このようにして，年齢の動態を研究するとき私たちが答えなくてはならない最初の問題は，発達の社会的状況を解明することです。

(ヴィゴツキー，2002, p.30 より)

　ある時期までは子どもにとって何の意味ももたなかった社会的環境のある側面が，子どもの心理システムに新形成物が生じることによって，意味ある対象として浮かび上がる。たとえば，話しことばを使うようになった子どもにとって，大人はことばを話す存在として浮かび上がる。また，ヴィゴツキーが挙げる例ではないが，性的成熟を迎えた子どもは，周囲にいる人を，愛する可能性をもつ存在としてとらえることとなるだろう。このような事態は，子どもの視点に立つならば，簡単に言えば「世界の見え方」が変わるということである。活動の概念に引きつけて言えば，子どもにとっての動機とその対象とが変化するのである。

　他方で，この変化は，子どもの社会的環境，すなわち周囲の人々にとっても大きな変化として受け止められる。たとえば3歳以降の子どもに見られる「強情」は，他者の思惑と自己のやりたいこととが矛盾することによって生まれる。このような子どもの態度は大人にとって「やっかいなもの」として受け止められる（いわゆる反抗期だ）。

　ここで，Hedegaard の枠組みに戻ろう。彼女の発想は，上記のヴィゴツキーの発達段階論をちょうど鏡映しにした形で展開する。

すなわち，子どもの内的変化によって関係する社会的環境が変わるという全体的システムの変化ではなく，子どもの経験する社会的環境の変化によって引き起こされる，子どもを中心とした全体的システムの変化として描くのである。

　社会的環境の変化とは，生活する制度間を子どもが移動することを指す。子どもは異なる制度の間を，同時期に往復したり，連続して移行したりする。たとえば家庭から幼稚園や保育園，あるいは学校，あるいは職場への移動である。それぞれの制度は子どもの何らかの側面を対象化するように組織されており，固有の制度的実践を行うようにできている。たとえば学校は子どもの知的能力を対象として，その向上に向けて制度的実践が組織されている。

　一方で，子どもにとっての動機はそうした制度的実践とは相容れずに矛盾する場合がありうる。ヴィゴツキーの理論を用いると，子どもの現時点での発達段階によっては，生活の場としての制度が発達の社会的環境として有意味な関係をもたない場合がある。たとえば，子どもの発達段階に見合っていない場合，学校は子どもにとって意味をもたない場所となる。

　ここにおいて，何らかの問題行動（たとえば，いわゆる「小 1 プロブレム」や「中 1 ギャップ」）が生じるのであるから，制度間の移行に際してはそれらの実践を相互に近づけようとする発想が生まれる。幼稚園での実践を小学校でのそれに近づける，あるいは小学校低学年を幼稚園のようにする，という発想である。

　しかし Hedegaard は，子どもが経験する制度間の矛盾はむしろ子どもや周囲の大人にとって全体的なシステムに対する自覚を促すとともに，子どもの内的な心理システムに変化をもたらす契機として機能する，と主張するのである。Hedegaard は，ヴィゴツキーにならい，この契機を「危機」（crisis）と呼んだ。ここには，ギャップを無くそうとするのとは逆の発想がある。

子どもが新しい制度的文脈に参入するとき，そこでの予期と
　　実践はなじみのないものであり，子どもがそこで経験する必要
　　性はその社会的状況において危機を生み出しうる。

（Fleer & Hedegaard, 2010, p.152 より。訳は筆者による）

　ただ，注意しなければならないのは，子どもが複数の制度の間を
移行し，それぞれ固有の目的をもつ実践に参入したからといって，
特定の発達的変化が全体あるいは個人に必然的にもたらされるわ
けではない，ということだ。つまり，制度間の移行によって発達の
具体的な道筋は決定されない（高木，2011）。何らかの発達が生じ
たとき，それは制度間の移行を契機として生じたと言えるのみなの
だ。実際の発達の道筋は，個々の子どもの生物としての特質や個々
の子どもの生活する物質的・社会的条件によって異なる。子どもの
発達とはそうした諸条件によって規定されつつ，複数の制度間の移
行を通して変化する全体的システムの変化によって発生する複数の
軌跡（trajectory）として描くことができるのである。

　上記の二つのポイントから解説してきた Hedegaard による子ど
もの精神発達理論の枠組みは以下の五点にまとめられる。彼女の要
約的な表現をそのまま引用しよう（ナンバリングは筆者が独自に行
った）。

　（1）　子どもの発達は，社会的制度における活動に子どもが導
　　　　かれ，そこに参入することを通して起こる。
　（2）　個々人の発達は，さまざまな制度的実践を横断する社
　　　　会文化的な軌跡として起こる。子どもの生物的条件，物
　　　　質的条件，文化的伝統，社会的規範，社会的制度に応じ
　　　　た，複数の軌跡が存在する。
　（3）　ある局所的な状況，ある具体的な人生において，ある子
　　　　どもの軌跡がいかにして実現するかにより，その子ども

の社会的状況に危機が引き起こされうる。

(4) 子どもの日常生活を支配する実践が変化すると，子ども
の主導的な動機（the leading motive）も変化する。
この変化は子どもの発達における段階として見なすこと
ができる。

(5) 制度的実践や子どもの発達を方向づけるものとしての規
範は，良い人生（a good life）に関する考え方と結び
ついており，こうした考え方はさまざまなタイプの制度
ごとに異なるだろう。西欧社会における子どもにとって
中心的な制度は，家族，保育園，学校，青年期教育であ
る。

（Hedegaard, 2009, p.72 より。訳は筆者による）

子どもから見た風景を捉えようとする Hedegaard らの試みは，
家庭などの子育ての場における生きた子どもの変化を明らかにする
上で重要なものだと評価できる。

大人は，社会的な価値観などに条件づけられた制度，たとえば家
庭や保育園の中で子育てという実践を行う。家庭や保育園という制
度の内部に大人が参加しているのは，制度的実践に従事するためで
ある。実践に従事する大人は固有の動機をもっており，子どもは大
人にとっての対象としてかれらの目に浮かび上がっている。

一方で，子どもは発達段階に応じた固有の動機をもって世界を眺
めている。大人と子どものやりたいこと（動機）は必ずしも一致し
ていない。というよりも，おそらくそのほとんどはズレている。子
どもが家族という制度において有能だったのは，そこでの制度的実
践を可能にする存在として自分の身体をその場に投げ出しているか
らだ。このようにして大人と子どもは，一個の全体的システムとし
て成立するように動き合うことができていた。Hedegaard の理論

枠組みを導入すると，子育てを目的とする家族などの制度をこのように記述できそうだ。

　家族という制度で生起する家族会話に関する研究を紹介しながら例証してみよう。現代的な家族なるものを可能にする社会的諸条件を明らかにし，その具体的実践として家族に見られる多様な相互行為を分析していく。

4.4　現代的家族制度の条件

　社会と一口に言ってもあまりにも多様だ。そこで，話を現代の先進諸国に絞る。先進諸国ももちろん多様なのだが，グローバル化された世界での家族実践には，それでも後述するように，共通する社会的条件を挙げることができる。

　Ochs & Kremer-Sadlik（2015）は，グローバル化にともない，社会から要求される子どもの諸能力の基準が変化したことを指摘し，「ポスト工業化社会において家族はどのように会話するのか」という問いを提出した。ポスト工業化社会が要求するのは，産業労働に黙って従事する存在ではない。そこで要求されるのは「アントレプレナー（企業家）としての子ども」（entrepreneurial child），すなわち，高度な創造性や言語スキルを有し，見通しのきかない不安定な社会においてリーダーシップを発揮しながら自律的に行動できる存在である。これが，Ochs らの見立てである。

　こうした歴史的変化は，家族による子育て活動に含まれる実践の諸形態を決定的に変えることとなる。第一に，高等教育への進学志向が強くなる。第二に，伝統的な子育てについての知や子育てモデルが通用しなくなる。伝統的な子育てモデルが通用しなくなると，子育てという実践はそれを独自に担う制度による専門化が進行する。すると家庭は子どもを育てる場ではなくなり，何か別の性格をもつ実践を行う場となる。Ochs & Kremer-Sadlik（2015）は，家

族制度の変質をこのように特徴づけた上で，そうした社会に動機づけられた家族内コミュニケーション実践の特徴を五点にまとめている。

(1)　家族で過ごす時間の意味の変化：家族が労働の単位ではなくなったことにより，日中の生活の場が家族ごとにまちまちになる。結果的に，家族がともに過ごす夕食や休日の価値やそこでの実践が変化する。

(2)　子ども中心性のさらなる高まり：家族は子どもに合わせて生活を編成する。

(3)　社会的つながりを維持する努力の必要性：子どもの成長とともに家族が一緒にいられなくなるため，つながりを維持するために努力が払われる。

(4)　子ども期における自由と自律性：何をどのように行うのかを子ども自身に選択させる傾向がある。その一方で，子どもは制度が前提とする価値からすると望ましくない行動をする場合があり，その際には自由と自律性を損なわずにそれを正そうとするインタラクションがなされる。

(5)　ポスト工業化社会における家族の親密さ：家父長制ではなく民主的で平等な家族メンバーの構築が目指される。一方，親は子どもを管理下に置かなければならないので権力の非対称性の問題が出る。この矛盾を解決するために親は長時間かけて子どもを説得するなどの行動をとる必要が出てくる。

これらのうち，「子ども中心性」（child-centeredness）は特に重要な概念だろう。Ochs & Schieffelin（1984）は，子どもとコミュニケーションする際に大人が取る態度として「子ども中心的志向」（child centered orientation）と「状況中心的志向」（situation centered orientation）という二つの類型を取り出した。簡単に言えば，前者は状況を子どもに適合させようとするもので，後者は子どもを状況に適合させようとする態度である。子ども中心的志向に基づくコミュニケーションでは，1人の大人と1人の子どもが相対する二者間会話を基本とし，大人は発話を乳幼児にあわせ，単純化された文法を用いたり，子どもを始発とする会話に大人が合わせたりする。大人は子どもが何を言おうとしているのかに焦点を合わせ，意味の交渉作業が協調的に展開される。一方，状況中心的志向のコミュニケーションでは，親以外の複数の大人が同時に存在する中に子どもが紛れ込んだ多人数会話を基本としており，そこでは子どもは大人の言うことを真似するように要請されたり，大人の望むような環境の側面に子どもの注意が向けられたりする。

　大人と子どものコミュニケーションのスタイルとして欧米において一般的なのは子ども中心的なそれである（Ochs, Solomon & Sterponi, 2005）。しかもポスト工業化社会の欧米においては，子どもの生活を中心に他の家族の生活が編成される。大人にとっての動機は，子どもの将来がより良いものになるようにすることである。高等教育志向の強まりという社会的条件によって，家族という実践に子どもの学業成績の向上を目指すことが組み込まれる。さらに，少しでも将来の競争において生き抜く可能性を高めるため，幼児期からさまざまな能力開発を目指すようになる。一方で，人間には限りある時間しかないため，家族による実践に「巧みに時間を管理すること」が含まれるようになる。

4.5　タイム・ポリティクス

　ポスト工業化社会における家族制度では「子どもの生活時間の管理」が実践に組み込まれる。たとえば，幼稚園のスクールバスに乗り遅れないよう寝ている子どもを起こすこと，明日までに学校にも

っていかなければならない宿題をさせること，寝不足にならないよう夜中のテレビやゲームを中断させること。これらはすべて，子どもの生活時間の管理である。カレンダーや時計が家庭の中央，すなわち家族メンバーにとってよく見ることのできる場所に置かれるなど，そうした時間管理を可能にする物質的な環境のアレンジメントもなされる。

子どもだけではなく，大人もまた，自由に時間を使えるわけではない。むしろ子どもの生活時間と連動する形で，大人も自分たちの生活時間を管理しなければならない。たとえば，ある両親は子どもたちのため，スポーツクラブの送迎や応援，宿題や塾の手伝いに自分の時間をひたすら費やすことで，子どもに対する自分たちの「愛情」を表現していた（Goodwin & Goodwin, 2013）。

そうした大人の動機とは独立して，子どもは個々の動機に応じて活動する。眠たいから寝続ける，学校でインターネットの動画の内容を友達と話し合いたいから家庭でそれを見続ける，ネット上の友人と対戦したいからゲームをし続ける。大人による時間管理実践と子どもの活動は，ときに真っ向から対立する。

ここに，家族メンバー間で生活時間をめぐってなされる交渉，すなわち「タイム・ポリティクス」（time politics; Aronsson, 2018）が生じる。タイム・ポリティクスとは，家族の具体的な生活に埋め込まれる形で構築される時間に関する交渉である。そこでは，何歳になったら何ができるのか，ある活動をいつ，どのくらいの時間にわたって行えるのかといったことに関する権利と責任を家族内で配分することが実践的な課題となる。たとえば，ゲームをする時間，風呂に入る時間，宿題にとりかかる時間など，これらは常に家族の間で交渉されることがらである。

次の断片 11 で交わされる母と娘の会話はきわめて日常的なものだろう。ここで繰り広げられていたのはタイム・ポリティクスの一

つの例である。

【断片11】

娘：きょうお母さんと一緒に買い物に行ってもいい？

Can I go shopping with you today?

(0.6)

母：.hh だめ，お風呂に入って，宿題をやってしまいなさい

.hh No I want you to take a bath, and do your homework.

娘：そしたら買い物に行ってもいい？

And the:n can I go shopping with you?

母：時間があればね

If y-we have ti:me.

（Ochs & Kremer-Sadlik, 2015, p.91 より。訳は筆者による）

　断片11のやりとりは，並行して生起する異なる動機に基づく複数の活動を家族の間で調整する実践として理解できる。娘は何かを買いたいか，あるいは親との時間を楽しみたい。一方で親は，子どもの体を清潔に保つとともに，学校的な課題に従事させること，ひいては子どもの能力を向上させることに動機づけられている。

　このような交渉は，ときに長引く。ポスト工業化社会の家族制度ではメンバー間の非対称的な権力関係に基づいた強制よりも，自由意志に基づく自発的な選択の方が重視されるためだ（Ochs & Kremer-Sadlik, 2015）。一方で，メンバーの平等性の保障という価値と矛盾する事態に大人が直面することもありうる。子どもの衛生管理，ひいては生命の保証のためには風呂に入ることが必要だが，子どもが入りたがらないのもそうした事態の一つである。このとき，命令の「調整」（calibration; Goodwin & Cekaite, 2013）が行われる。大人は子どもに対していきなり強い形で命令するのでは

なく，はじめは弱い形でなされる。子どもが大人の命令ではなく自分の動機にしたがうために，大人の目標とする行動がなかなか出現しない場合，大人からの命令は次第に調整される。なぜなら時間は有限であり，いつまでも子どもの決断を待っていられないからだ。

　断片 12 は，スウェーデンに暮らすある家族において，水曜日の朝，母親が 5 歳の娘 Ida の髪をとかしながら行った会話である。

【断片 12】

1　　母：今晩はシャワーを浴びる日ね？

　　　　　Time to shower tonight right?

2　Ida：いやー

　　　　　No:pe

3　　母：え，ゆうべ Ida はシャワー浴びてないってお父さん言ってたよ

　　　　　Well you did not shower yesterday Dad said.

4　Ida：いや，金曜に浴びる

　　　　　No I will shower on Friday.

5　　母：金曜，そう ((笑いながら)) 金曜に浴びるのね

　　　　　On Friday yes. ((laughing voice)) You'll shower on Friday x

6　　母：(.) でもそれまでシャワーを浴びなかったら臭くなる

　　　　　(.) but before it will smell if you won't shower

7　　母：でしょ

　　　　　you know.

8　Ida：うそ，臭くならない

　　　　　No: it will not.

9　母：そしたら [お友達が (x)。Ida！何これ？

　　　　　Then 　[your pals will (x). Ida! What is it

10 Ida： 　　　[xxx 明日みんな？

　　　　　　 　[xxx the guys tomorrow?

11　母：なんのにおい？　って言うよ ((演技するかのように))

　　　　　 that smells! They'll say. ((theatrically))

(Aronsson & Cekaite, 2011, pp.142-143 より。表記を一部変更した。訳
は筆者による)

　断片 12 の全体を通して，親子間のタイム・ポリティクスを観察
することができる。Ida と母親は，4~5 行目において，シャワー
を浴びる予定について約束を交わす。このような，家族の行動がな
される時間について交わされる約束を，Aronsson & Cekaite
(2011) は「活動の契約」（activity contract）と呼んだ。活動の契
約とは，なぜある活動をある人がしなければならないのか，反対に
なぜそれをしないのかについて言語的に説明するコミュニケーショ
ン実践である。

　活動の契約は，Aronsson らによれば，非常に弱い形での命令に
相当する。家族のメンバーの間の平等を実現する上で，直接的な命
令という行為はメンバー間の非対称性を顕在化させるので，欧米的
な家族制度のもとでは可能であれば避けるように動機づけられるは
ずである。あるメンバーが，ある行為の必然性を説明し，説得しよ
うとする一方で，他のメンバーは現在あるいは将来にわたってその
行為をしない理由の正当化を行おうとする。この過程で交渉が「契
約」という言語形式を取り，今度はそれをめぐる実践が展開される
ようになる。さらにこの交渉を通して，家族内にローカルな道徳的
秩序が形成されていく（Aronsson & Cekaite, 2011）。難しく述べ
ているようだが，要するに「ゲームは 1 日 1 時間」「5 時になった

ら帰ってきなさい」「14歳のクリスマスにはスマホを買ってね」などのように，時間的な区切りを利用した活動の契約と，それを守ること／守らないことをめぐるやりとりのことである。これらは多くの家族で観察されるものだろう。

　活動の契約がなされた後も，子どもの行動に応じて命令は調整され，徐々に強い形での命令に変化する場合もありうる。次の断片13は断片12と同じ家族の同じ日の出来事である。その日の夜，母と父，弟Ludvigが同じテーブルで夕食を食べていた。Idaは食べ終わってテレビのある部屋へ行こうとする。そこには8歳の姉がいて，ユーロヴィジョン歌謡ショーを見ていた。

【断片13】

1　母：<u>Ida</u>: ((テレビのある部屋に向けて呼びかける))
　　　IDA: ((calling up toward the TV room))

2　　　(2.0)

3　母：Ida, ねえすぐに降りてきてくれる
　　　Ida darling can you come down no:w.

4　　　(0.5)

5　Ida：いや，だって＝
　　　No: I want＝

6　母：＝でもシャワーをさっと浴びるってお父さんと約束したでしょ
　　　＝But you promised Dad that you'll jump into the shower

7　Ida：<u>うんでも見てるとこ</u>！((テレビを見ながら，テーブルの上で踊り，姉とその友人を見つめている))
　　　YEAH BUT I'M CHECKING! ((watching TV; dancing on table, gazing furtively at sister and friend))

8　母：<u>いますぐ！</u> (.) <u>降りてきなさい</u>。ボリボンパ*が始まるよ！
　　　　NO:W! (.) YOU'LL COME DOWN. Bolibompa starts
　　　　soon!

9　Ida：行けない！
　　　　I can not!

10　母：いや，来れるでしょ！＝
　　　　Well you sure can!＝

11　Ida：＝いい歌なんだもん！
　　　　＝It's such a good song!

12　母：そう，その歌が終わったらおいで
　　　　Yeah after that song you'll come.

13　　　(0.5)

14　Ida：°やった°((2階からの話し声が続く))
　　　　°Good° ((still speaking from upstairs))

15　母：オーケー？
　　　　OK?

16　Ida：<u>分かった</u>
　　　　YEAH.

（Aronsson & Cekaite, 2011, pp.145-146 より。一部表記を変更した。訳
は筆者による）

　断片13でのやりとりも，全体として，シャワーを浴びるタイミ
ングをめぐるタイム・ポリティクスとして理解できる。このやり
とりにおいて，母の命令は相手に選択を委ねる弱い形の依頼（can
you ～?）として現れた（3行目）。次いで6行目で母親は，断片
13の前になされた父親との活動の契約を持ち出し，その遵守とい

---

* 『ボリボンパ』とは，スウェーデンの子ども番組。https://www.svt.se/
　barnkanalen/

う道徳に訴える手段を採用した。それでもなお同意が得られない状態となったとき，8行目で突然大きな声となり，命令の調子が急に強められた。その後，11行目のIdaの発話を手がかりとして，「現在放送されている歌が終わったらシャワーを浴びる」という契約の更新がなされた。このように断片13では，子どもからの反応に応じて，弱い命令 → 強い命令 → 弱い命令（活動の契約も命令の一種である）といったように命令の調整がダイナミックになされていた。

家族会話を通してなされるタイム・ポリティクスと，そこで利用されていた命令の調整や活動の契約といったコミュニケーション実践を見てきた。類似したコミュニケーションはおそらく世界の先進諸国のあちこちにおいて見られるはずである。それは，グローバル化された社会からの要請が，子育て活動を実現する制度としての家族に実践の諸条件を与えているためである。大人は子どもが社会に出るまでの間に，その社会（しかも，流動化し予測困難なそれ）への十分な適応を果たすように社会化を行うことを目的として活動する。

このとき子どもは，その活動の対象としてはじめから組み込まれている。一方，大人にとって明白なこれらの実践の目的や活動の動機は，子どもには端的に見えていない。すなわち，ある発達段階にある子どもの発達の社会的環境としては，遙か後景にあるのだ。

子どもが気付かないような大人の苦労が無駄だと言っているのではない。家族制度における子育て活動を成立させるしくみの全体がいかなる構造をもち，それを構成する諸要素がいかなる仕方で結びついているのか，さらにはそれが時間展開の中でいかなる動態をとるのかを見なければならないのである。現在の子どもにとっては後景にある大人にとっての動機も，その子の将来においては有意味な前景にスライドしてくるかもしれない。このとき大人にとって管理

すべきものであった子どもの生活時間が，大人と同じような意味をもって子どもの目の前にも立ち現れてくるかもしれない。つまり，子ども自身も大人と同じように，時間に追われて，あせったりそわそわしたりするかもしれない。

　家族制度の内部で子育て活動に従事する養育者たちにとっての対象は「子ども」であり，その活動を構成するさまざまな実践は家族制度の内外に存在するさまざまなリソースを利用して展開される。本書に通底する，子どもの有能さの相補性基準を持ち出すなら，このとき子どもは，養育者にとってのリソースとして存在し，その実践を手助けする。子どもが協力しなければ，子育てという実践は完遂されない。この意味で，子どもは有能な存在である。

　しかしながら，子どもたちもまた，独自の動機をもって独自の活動を家族内で展開させている。タイム・ポリティクスとは，先進諸国の社会的条件に基礎づけられた家族制度において子育て活動を展開する上でなかば必然的に発生する，大人と子どもにとっての具体的な課題である。タイム・ポリティクスが要請されるのは，ひとえに，養育者が志向する子育て活動とは異なる何らかの活動に子どもが従事しているためだ。

　相補性基準に照らして眺めるなら，確かに子どもは大人の子育て活動を手助けしている。同時に，子どもはまったく別の活動を成し遂げようともしている。子育て活動の対象たる子どもは，自身の志向する活動においてはそれぞれ固有の対象に相対する主体として存在する。すなわち，子どもは同時に複数の活動に関与している。ということは，家族の中の子どもは多重化された世界を生きていることになる。家族という一つの制度の中に複数の活動が同居することは，必然的に，それらを見渡して調整するという特別な実践を要請する。それが，タイム・ポリティクスとしての家族会話だった。

4.6 実践の痕跡としての家族

Hedegaard らの理論的枠組みに基づくと，家族とは，ある社会が用意した一つの制度である。それは，そこに参加する人々が「親」として，あるいは「子ども」として何らかの実践を行うことを可能にするものである。

第3章において X 家の会話（断片7, 8, 9）を分析した際，会話参与者を個々人の固有名で記述した。分析に際しては，「父」「子」「妻」といった関係的な呼称を用いなかった。それは，家族のメンバーが，他者や自分を「父」や「妻」として位置づける実践の過程こそが記述の関心にあるからだ。つまり，それらは，記述の中で浮かび上がらせるべきカテゴリーである。それらをあらかじめ織り込んで記述することは可能な限り避けるべきだ，と判断したのである。

X 家のヒサシさんは，固有名の「ヒサシ」でも，「父」でも，「夫」でもありうる。しかし，それらがいかにして相互行為の中で現れるのかは，他者との交渉の結果に依存するはずだ。もちろん，同じ話し手が，受け手を変えるたびにコロコロと姿を変えるというわけではない。電話口で，かけてきた相手によって口調がコロリと変わる，ということがあるように，相手にしようとする人との関係において自己をどのように見せようとするかという問題は，人々自身が実践するコミュニケーションの方法，まさにエスノメソッドである。しかしながら，エスノメソドロジーは，あるエスノメソッドが「なぜ」存在するのかについて，少なくとも当事者を差し置いて研究者が答えることを徹底的に否定する方法論である。

断片9において，ヒサシが，自分の独り言に反応した話し手（ケン）への短い反応を行ったのは，なぜか。ヒサシの発話は少なくとも形式的には受け手を指名する要素を含んでいなかったにもかかわらず，はじめから特定の家族メンバー（ジュン）を受け手としよう

としていたように聞こえるのは，なぜか。この「なぜ」について，Hedegaardらの理論枠組みに基づいて，人々の相互行為を可能にする社会的・物理的環境の文化歴史的な形成過程という観点から考えてみたい。すなわち，家族という制度を社会的なパースペクティブからとらえたとき，そこにはいかなる諸条件があるのか。またその観点からすると，家族メンバーによるさまざまな実践はどのように見えるのか。ヒサシとジュンとの間でスムーズに夫婦間会話が成立したのはなぜか。なぜ，特定の人への明示的な宛先を含まない発話（たとえば，断片8の「スタート何時だったの？」や断片9の「この会社扶養手当廃止になるんだよ」）が，特定の人に宛てたものになりうるのか。

　それは，別々の活動に従事する複数のチームが，互いにメンバーが重なりながら，家族の中に存在していたからだ。具体的には，子育て活動に従事する4名（子どもたちもそこに含まれる），そして夫婦という社会的関係を実現する活動に従事する2名（ヒサシとジュン）である。

　あるカップルが，ある特定の社会的諸制度を条件として，「夫婦」という社会的関係を構築・維持する活動（これを「夫婦活動」と呼んでおこう）に従事する。夫婦活動には必ずしも現実の子どもの存在は必要ない。そうした活動を背景として，子どもが誕生する。したがって，子育てという活動の前提には夫婦活動がある。

　もちろん，このような歴史的過程を経て形成された家族だけが標準的で「正しい」などと言いたいのではない。重要なのは，家族制度を実現する人々は，何らかの社会的関係の構築・維持を動機とした複数の活動に従事していること，家族によってはそれらの活動の発生時点に時間的なズレがあることである。

　核家族を想定したとき，夫婦と親子とでは関係の歴史が重なりながら，ずれている。一般的には夫婦が先に関係をもち始め，子ども

はそこに後から参入する。すると，家族のメンバー間で共有された生活史の知識の量は必然的に異なる。このような生活史の知識量の違いは，多人数会話の輪の中に「相互行為のチーム」（interactional team; Gordon, 2003; Kangasharju, 1996）を組織するリソースとして利用可能である。

　相互行為のチームとは，会話を通して形成される参与者間の親和的関係を指す。たとえば，あるターンにおいて複数の参与者が同時に同じ内容を話したり，誰かが言ったことばを発話者が自身のターンにおいて繰り返したりするとき，それらの発話を行った者たちはその内容の関係性から参与者たちによって「チーム」として組織される（Kangasharju, 1996）。

　たとえば，ある2人が連れだって旅行に行き，後日，一緒に行かなかった人とともに旅行について語る場面を想定してみよう。この会話において旅行中の出来事についてアクセス可能だとみなされる参与者は限られており，そのことは他の参与者に知りえない知識（旅行中の出来事など）を語り合うことを通して確認される。残りの会話参与者は「蚊帳の外」である。このとき，ある出来事を語り合える人々が相互行為のチームを構成する。

　Gordon（2003）は，自分の家族とともに食事をする場面で行なわれた会話を分析した。彼女の父親には2人の前妻があり，それぞれに娘がいる（うち1人がGordonである）。現在は三番目の妻と結婚している。分析されたのは，夫婦と，夫と最初の妻との娘，二番目の妻との間の娘というステップファミリーによる会話であった。このような場合，家族のメンバーの間で，共有する経験にばらつきが生じる。たとえば，父とGordonの間では，最初の妻の祖父母に関連する発話連鎖を組織することが可能であるが，他の2人には困難だ。つまり，ある会話の輪に参与する人々の関係性の歴史が，相互行為のチーム形成の組織化過程の方向性を予想しう

る。このように，複数の個人がともに生活していたことによって得られた共有知識は，会話の参加者内でチームを作ったり，ターン連鎖の役割を調整したりする際の制約やリソースとして機能しうる（Gordon, 2003）。

　相互行為のチームという観点からすると，メンバー参入のタイミングのズレに応じ，X家にも少なくとも三つのチームがあったと考えられる。「ヒサシ・ジュン」，「ヒサシ・ジュン・ケン」，そして「ヒサシ・ジュン・ケン・ヨウ」である。これら三つのチームのメンバーは部分的に重なり合っている。ただ，参入タイミングにズレがあるために，共有する経験の範囲もずれている。すると，Gordon が分析したステップファミリーの会話のように，X家においても会話には相互行為のチームが出現しうる。

　X家の中にある三つのチームは，さまざまなことと結びついている。第一に，家族形成の歴史である。第二に，それと結びついたコミュニケーションのパターンの違いである。第三に，家族メンバーが展開する複数の活動である。これらは互いに密接に関係しているが，区別することは可能だ。家族を構成する相互行為のチームと，それと結びついた上記の概念を用いることで，本節冒頭に挙げた問いに答えることができる。その問いとは，なぜヒサシとジュンとの間でスムーズに夫婦間会話が成立したのか，という問いだった。

　コミュニケーションのパターンという点から見ていこう。子どもが生まれる以前，夫婦は2人きりで暮らしていたはずだ。この場合，発話の受け手は必然的に決まる。つまり，呼称を用いなくても発話者は受け手の受け手性を駆動することは（比較的）容易である。もちろん，2人の過去を遡って観察することはできないから，実際のところは分からない。ただ，発話するということそれ自体に相手への呼びかけ機能も担わせることは，多人数会話では困難だが

二者会話では十分に可能である。

このようなコミュニケーションのパターンが習慣化されていた2人と突然同居することとなったのが，2人の間の子どもである。この3人の間に展開される会話は，「夫婦間会話」および「親子間会話」として記述できる。これら二種類の会話は目的を異にするものであろう。親が子にはたらきかけるのは，もっぱら，子育て活動の文脈においてである。他方で，パートナー間はもう少し複雑である。互いの絆を確かめ合うのかもしれないし，子育て活動の延長でそのための実務的なやりとりをするのかもしれない（たとえば，「土曜日は遠足だから休みをもらってきて」といったように）。いずれにせよ，核家族に起こりうる二種類の会話は，活動の差異と対応する。つまり，区別可能な活動があり，それと対応して会話実践が展開されるのである。

家の中に2人しかいなかった時代を過ごしてきた夫婦には，受け手を獲得するために呼びかける必要性はなかった。このようにして形成された，呼びかけのないタイプのコミュニケーションと差別化を図るために，子どもの誕生後に生まれた親子間のコミュニケーションに「呼びかけ」が導入される。結果として，家族会話全体として見ると，両方のパターンが併存することとなる。言い換えると，「呼びかけあう」というコミュニケーションは，「呼びかけあわない」というコミュニケーションと区別できるがゆえに有効に機能する。

簡単に言えば，ヒサシによる呼称なしの発話がジュンの受け手性を駆動できたのは，2人が核家族の「核」としての夫婦だったからである。「そんなことか」と肩透かしをくらうような答えかもしれない。詳細なデータを示していないうえ，複数の家族を検討したわけでもないので，まったくのスペキュレーションでもある。この答えを検証するには，おそらく，X家とは異なるタイプの歴史をも

つ他の家族形態を調べる必要がある。たとえば，シングルペアレントとその子どもを「核」として，そこに新たな養育者が加わったステップファミリーでは，養育者の間で呼びかけを頻繁に用いる必要が出てくるかもしれない。

　本節での議論は，Hedegaard らの枠組みを少しだけ拡張する機能を果たす。それは，単一の制度的実践の中にもまた，社会的集団の形成という水準での実践が含まれている，という点である。複数の実践が単一の制度的な場において共起しているがゆえに，そこでの人々は誰もが常に複数の活動に従事している。つまり多重化された世界を生きている。X 家という家族において見られたのは，夫婦の関係性維持と「子育て」という複数の実践を，具体的生活の中で重ね合わせながら何とかやりくりする人々の姿だった。多人数会話を組織するヒサシやジュンやケンの具体的な一つひとつの行動は，そうしたやりくりを実現するものとして理解することができるだろう。

　Hedegaard は，制度間の移行という事態が子どもにとって発達の契機として機能すると述べた。なぜなら，子どもが生活する社会的な環境が外側から強制的に変更されること（すなわち，制度間の移行）が，子どもの内面における心理システムと連関して構造化された全体的なシステムの変更を余儀なくするからである。

　子どもはさまざまな制度に固有の対象として組み込まれる。制度間の移行により，組み込まれ方が変わる。たとえば，家族制度での子どもは「守られる」存在である。一方で，第 1 章の Adam の例で見たように，学校制度において子どもは「記録され，進路を振り分けられる」存在となる。大人たちの活動の対象としての子どもは総体として多重化される。このように，子どもが生活するすべての制度において，常に子どもは多重化された世界を生きている。

　制度を実現するための社会的集団の内部には，そもそも複数の動

機が共存している。それは1人の内部においてもそうである。だとしたら，たとえば家庭から学校へといった制度間の移行を待つまでもなく，発達の契機は存在すると言えるだろう。大人につきあうという子どもの有能さは，ここにおいて，複数の制度的実践を可能にする不可欠なリソースとして機能する。つまり，子どもが大人につきあってくれているからこそ，それぞれの制度的実践が成立する。

　ただしそれは，あくまでも社会的パースペクティブに立つ大人たちにとってのリソースである。子どもたちもまた，それぞれの制度の中で，みずからの欲望に突き動かされ，独自の活動を展開するはずである。このとき大人の用意する制度的実践を構成する諸要素は，子どもの活動にとってのリソースとして機能するはずだ。

　続く第5章では，このあたりのことを議論しよう。舞台は日本の保育園である。日本に存在する保育園は，子どもの保護を目的として設置された社会的制度である。家庭的な機能が強く期待されている一方で，ある種の学校的な要素も持ち合わせた社会集団として組織されている。たとえば「先生」と呼ばれる大人の存在や時間割の存在，入園式や卒園式といった参加の正当性を保証する手続きの存在などは，子どもたちが成長して後に出会う学校的制度と共通するものであろう。

第5章 保育実践における空間と時間の秩序形成

　保育園の朝は，園舎の外も中も，とにかくにぎやかだ。

　親や祖父母の運転する車から体に不釣り合いな大きなリュックを背負って飛び出してくる子ども。自転車の後部から母親に抱えられて降ろされる，ヘルメットをかぶった子ども。子どもはさまざまな乗り物に乗って保育園にやってくる。昇降口で上履きに履き替えた子どもたちが荷物を振り回しながら自分のクラスの部屋に飛び込む。自分のロッカーに荷物を置くと，園庭やホール（園舎内の最も広いスペース）に飛び出していったり，きょうだいのいる部屋をのぞきに行ったり，室内におもちゃを広げたりと，めいめい自由に遊び始める。いわゆる「自由遊び」の時間帯だ。

　そうこうしていると，保育者が部屋の中で「朝の会」の準備を始める。それに気付いた子どもたちは，遊んでいた道具を片付け始める。園庭で走り回っていた子どもたちも，園舎からの呼びかけに応じて下駄箱に殺到する。

　子どもたちは部屋の中心に設置された大きな机の周囲に並べられたイスに座る。「れんらくちょう」をリュックから出すのを忘れた子は，慌てたそぶりで提出箱の中に入れる。クラスの子がそろったのを見計らい，オルガンの鍵盤の前に座っていた保育者が，おもむろに前奏を弾き始めた。子どもたちと保育者はタイミングを合わせて歌い出す。「♪せんせいおはよ，みなさんおはよ…」

5.1 保育園という制度

　子どもが暮らす家族という集団と保育園という集団は，それぞれ社会的に用意された子育て実践のための制度である。どちらも，子育てという制度的実践を可能にするための「群棲環境」（リード，2000）だ。そこでは，子育てしやすいように物質的・社会的環境が整えられ，子どもの発達のいわば人工的な促進が目指される。

　一方で，展開される制度的実践にはそれぞれの制度間で異なる部分も多くある。第4章で指摘されたように，ポスト工業化社会では子育て活動の専門化が進行するため，保育に特化された制度としての保育園にはより重要な発達促進機能が期待される。たとえば，発達障害など子どもの多様化，虐待などが疑われる保護者への対応など，保育者が対応しなければならない問題はより多様化・複雑化している。そのような中，高度な技術をもつ専門家としての保育者をいかにして世に送り出すかは，私たちの社会における保育者養成の現代的な課題の一つだと言えよう。ただ，本書ではこの問題について議論するには筆者の力量を超えるので深く踏み込まない。

　家族と保育園の間のもう少し素朴な違いに注目してみよう。筆者が保育園に足を踏み入れてすぐに気付くのは，本章冒頭で述べたように「にぎやか」な雰囲気だ。これは，数十人規模の子どもたちが保育園という限られた空間に集まることによって生まれるものだろう。

　保育制度とは，1人の子どもではなく，子どもの集団を対象とするものである。家族を単位として子育てを行うことの多いポスト工業化社会の家庭では，そこに所属する子どもの人数が数十人規模にふくれるケースは考えにくい。他方で保育園では，多数の子どもを少数の大人（＝保育者）がケアをする状況はめずらしくない。まずは，保育園での子育て活動が「子ども集団」を対象とすることは家族制度との明白な違いとして指摘できよう。

保育制度の特徴としては，空間的・時間的に秩序立っていること
も挙げられる。保育園という場は子どもの安全が保証される空間で
ある。外部に開かれているのは鍵のついた門だけであり，それ以外
は明確な境界で隔てられている。その内部空間はさらなる境界で区
分けされている。園舎と園庭，部屋と廊下とホール，職員室と給食
室といったように，活動を成立させる分業体制や実践の違いに応じ
た空間分化がそこには見られる。したがって子どもたちが保育活動
へ参入する際には，特定の空間に適したふるまい方を習得すること
（たとえば，廊下では走らない，自分の荷物を置くロッカーの場所
を覚える，など）が必要となる。

　また，空間的秩序が，時間的秩序と不可分だ。子どもたちが養育
者と共に保育園を出入りする時間はだいたい決まっている。自由保
育の時間の間は園のどこで遊んでいてもよいが，設定保育の時間に
なったら教室に集まり，全員が同じ活動に従事する。部屋で昼食を
食べたらホールに布団を敷いて昼寝をする。

　子ども集団を対象とすることと，空間的・時間的な秩序を作るこ
と。これらは相互に補完的である。少数の保育者が子どもの集団に
対処する際には，あたかも「めだかの学校」のように，行動の管理
を必要とする場面が出てくる。するとそこには，行動空間の制限や
活動移行タイミングの同期といった実践上の前提条件が付随する。
言い換えると，保育制度における子育て活動への関与とは，子ども
たちを「集団」として扱うことを可能にする空間的・時間的秩序を
形成することでもあるのだ。

　近代的学校における空間的・時間的秩序の組織とは，規律・訓
練（discipline）を可能にする装置であると指摘して，社会化とい
う問題を身体的な水準でのそこへの適応として示したのがフーコー
（1977）だった。彼は，18世紀のイギリスやフランスの学校におい
て空間的・時間的な秩序が組織され，そこに身体が組み入れられて

いく歴史的過程を明示した。たとえば，教室という閉鎖環境内に置かれた座席は，教材の難易度という秩序によって配置されることにより，身体の序列化とその可視化，さらにはそうしたシステムによる身体の取締りと一斉授業とを可能にする道具立てだった。さらに，時間の厳密な管理も身体への教育的介入の一つの形である。学習の時間的な進度を座席配置によって空間的に可視化することもそうだし，1日のうちの始業と終業時刻で定めた範囲をさまざまな活動で区切ることによって，行動を時間に沿ってみずから統制する存在として子どもを社会化するための装置として学校は機能した。このように，空間と時間の管理を通しての身体的訓練は近代的教育の特色である。

　一方で，子どもたちには一人ひとり生き物としてのリズムがある。何時に寝て何時に起きるか，いつおなかが空くか，いつトイレに行きたくなるか。これらの生理的現象は，朝の日の光で目が覚めるといったようにおおまかに一致はしているが，集団内で完全に同期することはないだろう。さらに，保育園に通う子どもたちが養育者とともに過ごす他の場としての家庭にも，それぞれ独自の生活リズムがあるはずだ。そうしたバラバラのリズムをもつ子どもたちが集う場が，保育園である。

　すると保育園には，どこかのタイミングで，バラバラの子どもたちの生活のリズムを「そろえる」という実践が必要となる。そうでなければ，空間的・時間的秩序の組織とそれを利用した集団的保育は難しいはずだ。そして，多数の人間が同時に同じことをすることは，身体的水準での教育的介入と結びついている。

5.2　一斉発話の意味

　子どもたちの行動のタイミングを「そろえる」ことは，保育活動の随所に見られる。たとえば，挨拶だ。

せんせーおはよーございます。みなさん，おはよーございます。

　朝，人に会ったら「おはよう」と挨拶する。普通のことである。
保育園に登園する子どもたちが保育者に出会うと互いに「おはよ
う」と挨拶する。普通のことである。その子どもたちと保育者が，
教室に全員そろって「朝の会」を始めるとき，そこでも「おはよー
ございます」と挨拶する。このとき子どもたちと保育者は同じ相手
と少なくとも二度，「おはよう」という同じ挨拶をしたことになる。
このことを，誰も不思議に思わない。それほどまでに習慣化され
た，日常的実践なのである。
　朝，はじめて会ったときに最初に言う挨拶は，家庭と保育園に共
通する慣習だろう。すると，教室の中で行う二度目の挨拶が，保育
園の独自性を表すものである。ここは，家庭と保育園で展開される
それぞれの実践を区別する，一つのポイントになりそうだ。
　二度目の挨拶の特徴は，特定のイベントと結びついていること，
そして，集団で声をそろえて発声することだ。実際に，日本の保育
活動には，特定のイベントの前後で決まったことばを一斉に発す
る実践がしばしば見られる。「朝の会」では朝の挨拶を一斉に行う。
それ以外に，昼食時には「用意はいいですか」「どうぞめしあがれ」
「いただきます」「ごちそうさま」，降園時には「先生さようなら。
みなさん，さようなら」などと言う。また，園によっては行事や礼
拝があり，「おたんじょうびおめでとう」「ありがとう」「かみさま
（ののさま），ありがとうございます」と言う。岩崎（2001）は，保
育園や幼稚園での生活習慣として誰も疑問をもたずに用いるこうし
たことばを「唱えことば」と呼んで，家庭とは異なる，保育園なら
ではの文化だと指摘した。
　筆者は，保育園や幼稚園において観察される，同じタイミング
で同じ表現を複数の人々が発するこのようなコミュニケーション

形態を「一斉発話」(simultaneous utterance) と呼んでいる。保育・教育の場における一斉発話に注意を向けたのは，筆者だけではない。1980年代に日本の保育場面を観察した研究者は子どもたちが一斉に声を出す現象を見て，「コーラス」(Peak, 1991) や「唱和的な返答」(choral responses; Neuman & Fischer, 1995) と呼んだ。ただ，そうした研究者たちは，一斉発話のような現象を深く掘り下げて検討したわけではなかった。

　なぜ，一斉発話という特殊な発声形態が保育活動に埋め込まれているのか。このことを調べるために，筆者は関東近郊にある保育園 (A園) において子どもたちの1日を追いかけ，じっくりと眺めてみた。一斉発話の定義は，「同じタイミングで同じ表現を複数の人々が発するコミュニケーション形態」だが，まず，それに該当するような出来事を一通り抽出したところ，1日でおよそ30回の一斉発話が観察された。ただ，A園では毎日このくらいの一斉発話が観察されるとは言えないし，この数字がすべての保育園で同じだともとても言えないことには注意すべきであろう。

　一斉発話の典型的な例は断片14のようなものである。

【断片14】開始時刻：10時34分　活動：朝のお集まり
1　　保育者：起きろ (.) 起きろ (.) 元気な (.) <u>ライオンさん</u>
2　　幼児たち：<u>ちが::::う</u>

　この一斉発話は，観察当日，最初に出現したものである。説明しておくと，A園ではすべてのクラスに「ライオン」など動物の名前がついていた（ちなみに観察したクラスは「ウサギ組」だった。2行目の「ちがう」とは「自分たちはライオン（組）さんではないよ」という意味の叫びである）。子どもたちは教室の中央に設置された机の周りに並べられたイスに，保育者の方に顔を向けて座っていた。保育者はオルガンで演奏しながら歌い，それが終わった直後

に，ほとんどの子どもが大きな声で「ちがう」と叫んだ。これ（2行目）が一斉発話と認定された部分である。

　保育園では，家庭の事情や家から園までの距離などに応じて，登園する時刻に大きな幅がある。朝早くに登園した子どもは園内で自由に遊び，他の子どもたちが集まるのを待つこととなる。これが朝の自由遊びの時間帯である。全員がそろった頃，設定保育に移行するのだが，その前に行われるのが「朝の会」だ。保育者主導のもと歌を歌ったり，決められた日直主導のもと挨拶をしたりする。また，当日の大事な予定や連絡事項などを保育者が子どもたちに伝える時間帯でもある。断片14はそのような時間帯に観察された一斉発話だった。

　声をそろえるという集団的な発声行動は，それ単独では生起しない。その行動に先立ってさまざまな準備が集合的になされ，また，その行動の必然的帰結として特定の状況が作られる。「朝の会」で言えば，自由遊びの時間にバラバラに遊んでいた子どもたちが遊びをペンディングして「ウサギ組の部屋」に集まる必要がある。また，イスに座って保育者の行動に志向するような身構えをとる必要もある。さらに，保育者によるオルガンの曲は，この日だけ弾かれたものではなく，A園の「ウサギ組」では毎日繰り返される実践だった。単発の一斉発話は，そもそも，保育活動における空間と時間の秩序とその反復によって準備されたものである。このように，一斉発話は一定の空間的・時間的秩序を前提とする。

　同時に，その生起によって秩序が作られるという側面もある。断片14の2行目では子どもが一斉に同じことば（「ちがーう」）を言っていた。このことは，同じタイミングで「言い終わる」という事態をともなう。つまり，一斉発話に後続して，子どもたちの集団が「一斉に沈黙する瞬間」が生じるのである。このことは，保育者が保育活動を円滑に行う上できわめて重要である。子どもたちの集

団が暮らす「にぎやか」な場である保育園では，誰も話さない静謐な環境や時間帯をつくることが難しい。一斉発話が起こることにより，瞬間的にではあるが，誰も話さない瞬間が生じる。この瞬間は，会話分析の概念を用いれば，その場にいる誰にとってもターンを取ることの可能な「移行適切場」となる。保育者が子どもたち全員を受け手として発話したいとき，移行適切場としての沈黙の瞬間は利用可能なリソースとして機能するはずである。

　一斉発話という集団的な行動は，空間的・時間的秩序を前提としつつ，それをさらに組織するための実践として見なすことができる。昼食前に観察される一斉発話である「いただきます」は，クラスのメンバーへの配膳の完了を前提としながら，同時に，「食べ始め」のタイミングの同期を可能とする。「帰りの会」の「せんせーさよーなら」は，その時間までにクラス全員が帰りの支度を終えることと「クラス全体での活動の終了」を宣言する。同様に，「朝のお集まり」で行う一斉発話としての「おはよう」は，個々の子どもの生活リズムを保育園のそれへと同期させる機能を果たす言語行為なのである。

5.3　一斉発話の協働的達成

　一斉発話は，保育園の日常において繰り返し観察される集団的行動である。ただ，保育園の生活リズムにしたがい，一斉発話を生起させるべきタイミングでそのように行動するのは，個々の子どもにとってはそれほど容易ではない。一般的に言えば，一斉発話には，発声のタイミングを調整すること，発声内容を予期して正しく言うことなど，複雑な認知的課題が含まれている。さらに，ごく素朴に考えて，それは1人では不可能である。つまり，一斉発話には，子どもたちが集団的行為としての一斉発話を，それこそ相補的に実現する認知的・遂行的過程が含まれている。

一斉発話という全体を完成させる子どものかしこさを，具体的な発声の仕方に見てとることはできないか。「帰りの会」が済み，保護者の迎えを待つＡ園の子どもたちに協力してもらい，一斉発話を再現させる目的で実験を行った。課題は，イラストに描かれた動物の名前を当てるというものである。2人1組で並んで座ってもらい，「この動物は何かな？2人いっしょに答えてね」と教示した。あらかじめ動物の絵をカバーで覆っておき，絵の全体が徐々に現れるようにカバーをずらしていきながら提示した。子どもたちには「言うべき単語（動物の名）の合意形成」と「発声タイミングの同期」という二重の課題が課せられていたことになる。実験の様子はビデオカメラで撮影し，子どもたちにはヘッドセットマイクをつけて発声を別々のトラックに録音した。

　何人かの子どもが実験に協力してくれたが，ここでは最も象徴的なパフォーマンスを見せてくれた5歳児クラスのマキさんとリサさん（仮名）という2人の女児の例を見てみよう。このとき実験者（＝筆者）が提示していたイラストは，ネコの絵だった。筆者はネコの絵をおおうカバーを，その「しっぽ」から見え始めるように，徐々にずらしていった。

【断片 15】
1　マキ：一緒に言うよ
2　リサ：°いちにーのー°
3　マキ：[ネコミ::
4　リサ：[ネズミ::
5　マキ：あ，ネズミはちびっちょいんだよ

　この発話事例に注目したのは，一斉発話がまさに相互的に創出されている過程が現れていたからである。さらに，日常的な一斉発話において子どもたちが実際に行っている行動の典型例だとも

考えられる。注目すべきは，3行目のマキの発話だろう。はじめは「ネコ」と言おうとしたが，隣のリサが「ネズミ」と言うので，慌てて自分も「ミ」を言い添えたように聞こえる。3〜4行目の瞬間は，ネコの「しっぽ」の部分しかまだ見えていなかったため，描かれていた動物が不明瞭な状況であった。しかも，2行目で2人は小さな声を掛け合い，タイミング調整をしたものの，「言うべきことば」までは合意形成できていなかった。結果として，ネコとネズミのこんがらがった生物「ネコミ」が生まれたのである。

　では，マキは一斉発話に失敗したのだろうか？そうは思えない。回答を発声しながら，タイミングを合わせるためにリサの発声に耳をかたむける。「ネズ…」と言うのを聞いてリサが「何を言おうとしているか」を即座に判断し，発声を柔軟に変更する。結果的に，2人の発声の最後の部分では同じ音が重なり，帳尻が合っていたのである。

　マキのこうしたパフォーマンスの陰には，「一緒に答える」という課題への志向があるだろう。話を一斉発話に広げれば，子どもたちはちょうどマキのように全体の発話の流れをモニターしつつ，自分の発声を絶えず調整することによって，一斉発話という出来事を集団全体として達成する活動に従事しているものと考えられるのである。

　そこで今度は，実験的状況ではなく，実際の日常場面でも子どもたちがマキたちと同様の行動をしているのかを調べるため，東北地方に位置するC町のとある保育園，B園をフィールドとした調査を実施した。B園に通う子どもたちのうち，3歳のマコト，4歳のミズキ，5歳のユカ，6歳のトモミの4人とそのご家族に協力をお願いして，園にいる間中，口元に向けて単指向性のヘッドセットマイクをつけてもらい，音声を録音させてもらった（名前はすべて仮名。マコトだけが男児）。これによって，一斉発話の最中にたくさ

んの子どもたちの声でかき消されてしまう一人ひとりの声を抽出することができる。それぞれの子どもが所属するクラスへの参与観察と録音・録画を行い，そこから一斉発話を抽出したところ，4人分の映像記録から，あわせて204個の一斉発話が同定された（マコトの映像には29個，ミズキには47個，ユカには50個，トモミには78個の一斉発話がそれぞれ記録されていた。ただし，すべての一斉発話に調査対象の子どもが関与していたわけではなかった）。

　子どもたちにはワイヤレスマイクを装着してもらっていたため，その声を比較的明瞭に記録することができた。図5.1は，マコトの音声データから一斉発話を音声波形と音圧波形の両方で表したものである。この方法により，他の子どもたちの発声に紛れ込んだ対象児の発話の開始時点とその持続時間を推定することができる。音声認識技術を使えば自動的に切り出せるのかもしれないが，ここでは人の手で抽出作業を行った。

　図5.1に示したマコトの発話は，所属するクラス全体でおやつを食べるという活動において見られたものだ。おやつの時間には四つの一斉発話が起きていた。2人の日直が担任保育者の横に立ち（このクラスには4人の保育者がいた），おやつを食べ始める前に「みなさんにありますか」という定型的なフレーズを保育者が言い始めると，その途中から子どもたちも同じフレーズを発し始めた。それに対する定型的な返答のフレーズは，日直以外の子どもにあらかじめ割り当てられていた「あります」というものである。マコトはこの一斉発話に加わっていた。ただし，マコトは「ま」の部分を引き延ばして発声したため，このフレーズの最後は彼の声だけが聞き取れた。次は保育者と日直のターンである。しかしそのターンにおいては，発話者の役割が配分されていないはずの子どもたちも部分的に同時に発話していた。マコトもそうした子どもの1人で，いくつかの音節が抜けていたものの，保育者や日直の発話に同期する形

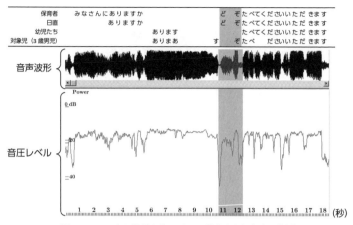

保育者	みなさんにありますか		ど	ぞ たべてくださいいただ きます	
日直	ありますか		ど	ぞ たべてくださいいただ きます	
幼児たち		あります		たべてくださいいただ きます	
対象児（3歳男児）		ありまあ	す	ぞ たべ　　だ さいいただ きます	

図 5.1　マコトに装着したマイクで録音された音声の分析

（灰色に網掛けした部分での音声波形ならびに音圧レベルに注目すると，前半よりも後半の方が振幅や音圧が大きい。これは，マコトが前半では発話をしておらず，後半でのみ音を発していたことを示す。すなわちマコトは，他者の発話タイミングに合わせて，「どうぞ」の「ぞ」のみを発声したことが分かる）

で発話していた。最後のターンはクラスにいるほとんど全員が「いただきます」という同じことばを一斉に発話していた。

　注目して欲しいのは，一斉発話の最中のマコトによる実際の発声の仕方が，他の子どもたちのそれと正確に一致するわけではなかった点である。図 5.1 の灰色の網掛けをした箇所に注目してみよう。ここはマコトのターンではなく，日直と保育者に配分されたターンだった。筆者の耳には，ここでのマコトの発声の仕方が，あたかも，他者の発声と音節の単位で同期できる適切なタイミングを探索していたように聞こえるのである。

　実験的状況での断片 15 のやりとりでは，リサが「ネズミ」の「ミ」を言うタイミングに合わせて，マキもまた「ミ」と発声していた。それとちょうど同じように，日常的な一斉発話場面においても，子どもは他者が何を言うかを予期しつつ，他者による発声の途

中からタイミングを合わせて発声することが可能であった。このように，他者の発声に合わせて，発話内容と発声のタイミングとを調整するという発話の仕方が，調査の対象となった他の3人においてもしばしば観察された。このような発話を，ここでは「探索的発声」と呼んでおこう。発話内容とタイミングとを「探りながら」発声するという意味である。

　昼食やおやつの直前の挨拶は一斉発話をともなう状況であり，そこではしばしば，探索的発声が観察された。以下で示す断片16～18はいずれも一斉発話の例である。それぞれにおいて対象児の発声を2行目に並行して示している。断片16に示したミズキの場合，定型句の最初の部分をとばして途中から発話し始めた。断片17（ユカ），および断片18（トモミ）においても，同様の発声行為が観察された。

【断片16】ミズキ（4歳）　時刻：11:19:54（ミズキは日直の1人）
1　　日直：どう [ぞたべてください（ゆっくりと発話）
2　ミズキ：　　　[ぞたべてください

【断片17】ユカ（5歳）　時刻：11:33:39
1　子どもたち：いただ [きます（ゆっくりと発話）
2　　　　ユカ：　　　　[きま

【断片18】トモミ（6歳）　時刻：11:51:51（トモミは日直の1人）
1　　日直：今日 [のこんだては（ゆっくりと発話）
2　トモミ：　　　[のこんだては

　この調査では，特に探索的発声をしやすい子どもをあらかじめ選別したわけではない。保護者からの許可が得られた子がたまたま選ばれたのである。すると，このような探索的発声は対象となった4人に特有な行動というよりも，むしろ，多くの子どもがこのような

発声をする可能性があると考えてよいだろう。すると，一斉発話とは，そこに参加する子ども一人ひとりが，適切な発声内容やタイミングを探索しながら相互に調整することを通して達成されていた出来事だと考えることができる。

　さらに興味深い例として，多くの子どもが言う定型的な発話内容とは別のことばを一斉発話の間に発していたケースも見られた。断片19はその例である。ここで保育者はオルガンを前にして座り，その周囲の床に子どもたちも集まって座っていた。2月の節分の行事が近づいており，保育者は「自分の中にあって，そこから追い出したい『鬼』（いけない部分）を考えておくよう」子どもに問いかけていた。

【断片19】トモミ（6歳）　時刻：15:10:00
1　　　　保育者：[追い出したい鬼決まった？　=
2　子どもたち：= ううん
3　　　　トモミ：[° 絵があまり上手じゃないからもっと上手になる°

　断片19では，保育者の語りかけが始まるのとほぼ同じタイミングでトモミが小さな声で発話していた。結果的に，保育者の語りかけに対する返答として出現した一斉発話（2行目）にはトモミは関与していなかった。

　このように，一斉発話においてはすべての子どもが同じ内容の発声を志向していたわけではなく，中には断片19のようにクラス全体で主流となっているやりとりからは外れた発話をしていた場合もあった。さらに言えば，一斉発話の間に何も発話せずに無言でいるというケースも見られたのである。

　主流となっている発話と異なる内容を発すること，あるいは何も言わずにいることは，教育的介入を受ける事態として受けとめられるかもしれない。しかし，主流とは異なる行為をする子どもに対し

て，保育者やその他の子どもたちから全体と同じ発話をするように介入が起こることは，観察を実施した日に関して言えば，ほとんどなかった。数少ないケースが断片20である。断片20は「帰りの会」と呼ばれる活動において生起したもので，子どもたちは保育者の伴奏に合わせて童謡を歌っていた。2行目と3行目が一斉発話である。最後まで歌い終わった後，保育者は数人の子どもが歌っていなかったことを「聞こえない人がいる」と表現して発話した（4行目）。おそらく歌うよう方向付ける意図をもった介入だったのだろう。

【断片20】ユカ（5歳）　時刻：15:05:55

1　　　　保育者：（オルガンの演奏をする）

2　子どもたち：こぎつねこんこんやまのなか（中略）こくびをかしげてかんがえる

3　　　　ユカ：こぎつねこんこんやまのなか（中略）も xxx をかしげてかんがえる

4　　　　保育者：（演奏を中断して）みんなの声聞きたいんだけど聞こえない人がいる

　ただ，断片20のような介入は観察の限りまれであり，多くの場合，一斉発話の最中に無言であったり，他者とは異なる発話をしていたりしても，それについて指摘されることはなかった。なぜならば，個々の子どもが何を言っているのか（あるいは，何を言っていないのか）を正確に聞き取ることをリアルタイムにその場で行うのは困難だからだ。この調査では少数の子どもにマイクをつけてその発声を拾うという方法により，一斉発話という出来事の物理的条件のゆえに生じる大人にとっての「死角」において子どもたちが行うことを明らかにできたのである。

　観察対象となった4人がそれぞれ所属するクラスの活動の中には一斉発話の出現するものがあることが確認できた。そこで，一斉

発話として同定された状況下での抽出された個人の音声記録を分析した。すると，外側からの観察ではクラス内のすべての子どもが同一の発話内容を同時に発しているように聞こえたケースであっても，実際には多様な発声形態が混在していたことが明らかになった。そうした発話形態の中には，発話開始時点や発話内容を探りながら発話を開始したように聞こえる発話（ここでは，探索的発声と呼んだ）や，子どもたちによる主流の発話内容とは異なる表現，さらには無言のままでいることが含まれていた。

5.4 もう一度，一斉発話の意味とは

B園での観察の一つの成果は，日常の保育実践に頻出する一斉発話に対して探索的発声という形態で関与する幼児の行為が実際に示されたことである。

ある子どもが他者の発声の最初のタイミングを逃してしまうと，全体の発声の流れからすると途中から開始しなければならない。このとき，期待される発声内容をフレーズの頭から再生したとしたら，その終末部も結果的にずれてしまう。したがって，先頭の音節をいくつか落とした上でフレーズの途中から再生し始めると全体の帳尻があうこととなる。

探索的発声は，それを発した者が一斉発話の協働的達成に関与しようとしていることを示すものであると考えられる。もし，一斉発話の出現が期待される場面において，他者と協調的に発話しようとせずに，期待される発話内容を自分のやりやすいタイミングで発したならば，客観的に聞こえる全体の発話は一つのまとまりをなさずに結果的に騒音として認識されてしまうかもしれない。一方で，発声開始のタイミングが他者とずれていたとしても，探索的発声を行うことにより，全体が騒音化することを回避できる。したがって，探索的発声を行う者は，「全体として一つの発話に聞こえる音響的

環境を協働的に作り出すこと」に関与していたと考えられる。

　一斉発話の参与者に要求される行為はこれだけでなく，全体として一つの発話に聞こえる音響環境の共創を阻害する行為を避けることも含まれていた。この要件が満たされている限り，個々人の（沈黙も含めた）発声の仕方が期待される形式やタイミングとは異なっていたとしても，それによって一斉発話を言う集団が崩壊したとはみなされない。このことは，探索的発声や違うことばの発声，沈黙といった行動が出現したとしても，多くの場合，それらが活動の進行を決定的に妨げたわけではなかったことから推測できる。

　まとめると，一斉発話への個々人の関与には二つの形態があると言える。第一に，全体として一つの発話として聞こえるような音響環境の共創に直接的に寄与しうる発話を，周囲のそれと調整しながら行うというものである。第二に，一斉発話とは関連のない発話を小声で言ったり，沈黙を維持したりすることにより，そうした音響環境の共創を阻害しないというものである。

　一斉発話の定義は，「同じタイミングで同じ表現を複数の人々が発するコミュニケーション形態」だった。しかし，ここでの分析結果を受けると，この定義ではおかしいことが分かる。こう言い直したらどうだろうか。「同じタイミングで同じ表現を複数の人々が発している『ように聞かせる』コミュニケーション形態」が一斉発話である，と。

　この，「ように聞かせる」を実現するための子どもたちの微細な行為は，それだけを見れば，「発声の失敗」あるいは「発声の拒否」として聞こえてしまうかもしれない。しかし，考えてみたいのは，子どもたちがなぜ途中からでも他の子どもたちと同じタイミングを志向していたのか，なぜ独り言を小さな声で言っていたのか，という点である。一斉発話の達成に寄与する主要な要素は，子どもたちが実際に同時に同じことばを発することでは必ずしもない。むしろ

必要なのは，子どもたちが集団として発するべきとされることばの成立を阻害しないことなのだ。

　子どもたちがこれらの行為を通して関与する課題とは，複数の参与者が一斉に同じ形式で発話しているように観察することの可能なターンを協働で作り出すことだった。すべての子どもがその課題を自覚していたかどうかは不明である。しかし，いずれにせよ，破綻のない一斉発話の成立に寄与するように，他者との協調がなされていた。言い換えると，定型的なフレーズを一定の速度で流暢に発話していた子どもも，探索的発声によって途中から入り込んだ子どもも，小さな声で絵の自信のなさを吐露する子どもも，黙り続ける子どもも，具体的な行動はそれぞれ違って多様だったとしても，みんなが「一斉発話をする」という活動に参加していた，ということなのである。

　一斉発話は，保育活動を成り立たせる空間的・時間的な秩序を集団という単位で実現する役割を果たす実践だった。そのような役割をもつ一斉発話の成立に向けて協働していたとしたら，子どもたちは保育活動に間違いなく従事していたと言える。子どもたちは保育活動の対象であると同時に，その活動を成立させる分業を担っていた。家庭における養育者の子育て活動や「夫婦活動」を可能にしていたのと同じように。

　家族制度を支える人々は家族という集団を形成する実践を通して複数の活動を達成しようとしていた。X家でいえば，4名のメンバーは子育て活動を行うのと並行して夫婦活動を展開していた。集団はその内部に複数の活動に従事する人々を抱え込む。だとしたら，事情は保育園も同じではないか。何より，家庭よりも集団の規模は大きい。家庭よりも，もっと多くの活動が，複雑かつ重層的に展開されている可能性がある。次章では保育園での空間的・時間的秩序形成実践における複数の活動の同時的な展開過程について述べる。

第6章 保育を遊ぶ子どもたち

　保育園での一斉発話はそこでの空間的・時間的秩序の形成という具体的実践の一つとして理解できる。もちろん，一斉発話それ自体が単独で保育園に秩序をもたらすのではない。一斉発話の開始時点をそろえるには，子どもたちが保育者のオルガンの音や歌声に注意を向けていることが必要である。また，その前提として，子どもたちがイスに座り，前方に立つ保育者や教師の方向を向いていることが必要である。さらに，その前提として自由遊びをほぼ同じタイミングで切り上げて教室の中に人々が参集する必要がある。

　このように，一斉発話とその出現を用意する他の諸実践はいずれもそれ単独で存在するのではなく相互に規定しあう。そしてこれらの諸実践の総体として空間的・時間的秩序の形成作業が進行していたのである。発話のタイミングをそろえるという集団的実践は，こうした予期可能性と身体的な構えの相互調整を条件として組織されていた。自由遊びの道具を子どもたちが片付け始めたとき，ある意味では，すでに一斉発話は始まっていたのである。

　本章では，一斉発話を準備する身体的な構えが子どもたちにおいていかにして実現しているのかを検討する。身体的な構えの成立は一斉発話のみならず，保育活動における空間的・時間的秩序の形成には必要である。「朝の会」の挨拶にせよ，昼食の前の挨拶にせよ，いずれも，保育者や少数の日直に大勢の子どもたちが相対して向き

あう，いわゆる「一対多」の身体配置をともなう。子どもたちは，集団の一員として一対多の身体配置を作り出す集団的な作業に関与することを通して，保育活動が展開される空間に何らかの意味を与えるとともに，そこで展開される実践に時間的な構造を与えるのである。

　そのような身体の集団的配置は，私たちが学校教育，特に一斉授業を通して長い間経験してきたものでもある。保育園での一斉発話とそれを準備する身体的な構えは，子どもたちがその後の人生において経験することとなる集団行動の最初期のものだと言えよう。

6.1　「お誕生会」とは

　第5章で述べた一斉発話調査で協力を得たB園は，東北地方有数の稲作地域に位置するC町にある。筆者は，保育実践を見せていただくために当時の指導教員に相談して，この町にたどり着いた。

　直前まで，C町には複数の保育園や幼稚園が点在していたが，筆者が最初に訪問した年にそれらが併合されて一つの幼保施設が完成した。それがB園である。まだ何もかもが新しい園舎，スクールバスから降りてくる子どもたちも，迎え入れる保育者たちも，少しばかりとまどいながらのスタートだったと想像する。

　そのような慌ただしい4月から1ヵ月ごとに1回，朝から夕方までの子どもたちの生活を教室の中で見せてもらえることとなった。しかも，その際に，室内に複数台のビデオカメラを設置することまで許可をいただいた。これで，子どもたちの言語・非言語行動をあますことなく記録することができる。準備は整った。

　筆者が集中して観察したのは，B園に三つあった，3~4歳児が在籍する年少組の中の1クラスであった。このクラスは子ども18名（男女9名ずつ，6月のみ女児2名が欠席）および担任保育者1

名（女性）から構成されていた。担任の保育者である山田先生（仮名）はおおらかな印象を受けるベテランの女性であり，安心して話しかけることができるような方だった。新しくできた園なので，すべての子どもが（山田先生も）4月に一斉に入園してきたことになる。

　月に一度の観察だと，どのタイミングで訪問するかが問題となる。毎月末に実施される「お誕生会」の日にうかがうことにした。「お誕生会」とは，それぞれのクラスにいる，ある月生まれの子どもをクラスの他の子どもたち全員でお祝いする月例の行事である。

　4月末の最初の「お誕生会」の日。前の日からC町に泊まっていた筆者は，子どもたちが登園するまでにセッティングを終えるため，早朝，機材を抱えてB園に入った。ときどき声をかけに来てくださるスタッフのみなさんに「おはようございます」と挨拶をしながら，年少組の四角い部屋の二つの隅にビデオカメラを設置し終えた。

　4月にB園に入ったばかりの3歳児たちにとって，経験することすべてがおそらくは初めてのものだろう。「お誕生会」もまたしかり。それぞれの家庭で，家族から誕生日を祝ってもらう経験はあったかもしれない。ただ，保育園で行われる「お誕生会」はそれとは異なる点もある。「お誕生会」が開かれるのは，月に一度。ということは，ほとんどの場合，実際の誕生日ではない「非」誕生日に「お誕生会」が開かれる。月に一度の開催なので，当該の月に生まれた子ども全員がお祝いの対象となる。保育園のイベントとして行われるので，養育者ではなく保育者が，きょうだいではなく同年代の子どもたちがそばにいる。要するに，「会」であり，ある種のセレモニーなのだ。

　新入園児たちにとって初めてのセレモニーは，入園式だったはずだ。子どもたちは，そこでの新しい生活のやり方にまだ慣れていな

い。そもそも，養育者から離れる不安もある。結城（1998）には，幼稚園の入園式の途中で走り回ったり，床に寝転がったりする新入園児たちの姿が描かれている。幼稚園の教師はそうした子どもたちも「だんだんに，（中略）ちゃんとする」（結城, 1998, p.20）ようになると鷹揚に期待する。そして，そうした期待は多くの場合現実のものとなるのだ。しかし，どのようにして「だんだんに，ちゃんとする」ようになっていくかをきちんと跡づけた上で，そのしくみを明らかにした記述は多くはない。

　その場にふさわしい行動を取るために，子どもたちは，今ここで行われている活動が何かを判断しなければならない。そのために子どもたちは，活動を示す手がかりを，自分たちの生活する環境の中から探索する必要がある。学校や保育園の1日は複数のイベントで構成されており，それらの間の移行を合図する手がかりが豊富に存在する。たとえば時間割の区切りを音で合図する学校のチャイムは手がかりとして機能する。ただ，その機能の仕方は子どもたちの間でばらつきがある。特に，新入園児たちにとって，自分たちの経験する出来事がどのようなものなのか，共有された認識はまだ形成されていないだろう。そうしたとき，環境内にある物事を子どもにとっての手がかりとして機能させるために，保育者はあの手この手の具体的な行動をとる。山田先生もまたそうだった。

　お片づけしたら準備するよ，さーお片づけしよー，みんなで片づけよ，お誕生会はーじめーるよ

　これは，4月の「お誕生会」の準備をまさに始めようとするときに山田先生が発したことばである。ここには準備としてすべきことが語られている。子どもたちと山田先生は，直前まで行われていた自由遊びを終えて，室内に散乱するおもちゃなどを片付け，排泄などをすませ，そして同じ室内で「お誕生会」をするための体勢を整

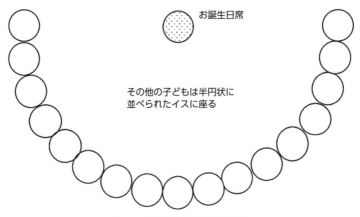

お誕生日席

その他の子どもは半円状に
並べられたイスに座る

図 6.1　「お誕生会」での座席配置

える。部屋の片隅に積んであった子ども用のイスを，室内の中央付近に半円形に並べる。このイスは，その月生まれの子ども以外が座るためのものである。その月生まれの子は，半円に座る子どもたち全員に相対できる位置にイスを置いて座る。最終的に，図 6.1 のような陣形でイスが並べられた（図 6.3 も参照）。片付けや準備のために室内をうろうろしていた子どもたちがおおよそ座ったころ，山田先生がおもむろに「お座りして誕生会，初めての誕生会しますので一」と発話した。こうして子どもたちの「初めてのお誕生会」が始まる。

6.2　「お誕生会」の身構え

　一般的に保育実践は「自由保育」と「設定保育」で構成される。設定保育は子どもの自発的な遊びとは異なり，保育者という他者から活動の契機がもたらされるとともに，可能な行動の範囲が制限されるという意味において自由ではない。保育者の立場からすると自由遊びと設定保育とは明確に区別されるものである（永瀬・倉

持, 2011)。「お誕生会」は設定保育に含まれる実践であり, その直前には自由保育に含まれる自由遊びがあった。自由遊びから「お誕生会」への移行は, 保育者にとってはイベントの明確な切り替えとして認識される。

自由保育から設定保育への移行過程では, バラバラに活動していた子どもたちが一つの活動に従事できるよう, 子どもたちをまとめあげるという課題に保育者は取り組むこととなる。しかしながら, 子どもたちをまとめあげる作業は入園したばかりの4月においてはきわめて困難である。

B園でもそうだった。「お誕生会」の準備では, 山田先生がイスを一, 二脚ずつ並べていると, 何人かの子どもがその様子を真似て適当な場所にイスを置いていた。それと並行して, 部屋の中を自由に飛び跳ねたり, 床に寝そべったり, イスに座った子どもの膝の上に座ったりと, 多くの子どもは勝手気ままに動き回っていた。傍目には, 「ぐだぐだ」な子どもたちにしか見えない。この子たちは本当に「ちゃんと」なるのだろうか, と心配になる。

ところが, 6月になると様相は一変した。4月当初のぐだぐだ感がなくなっていたのだ。部屋の片付けをうながす山田先生の声かけにすぐに続いて, 子どもたちは片付けに取りかかった。並行してイスが並べられ, 先生の声かけからものの3分もたたずに準備が完了したのである。まさに「ちゃんと」するようになっていたのだ。

自由遊びを終えて片付けが始まり, そして「お誕生会」が始まるまでの間の子どもたちの行動が, 4月から6月にかけて目に見えて変化していた。「だんだんに, ちゃんと」は少なくとも3ヵ月で達成されたこととなる。その間に何が起こっていたのか。ビデオカメラの映像をもとに分析してみた。その際に注目したのは, 並べられたイスに対する子どもの行動である。

畳や板間や土間しかなかった時代とは異なり, 現代の日本の子ど

もたちにとって，イスに座るという行動は，保育園に入る前に家庭で生活していた頃からすでに習慣的に行っていたものだろう。イスという対象は，子どもに座ることを動機づける。しかし，たくさん並べられたイスに，子どもたちの集団がすみやかに一斉に，保育者の話を聞いたり歌を歌ったりするという目的をもって座ることは，家庭でのそれとは異なる。座るかどうかを自分で自由に決められるという条件で1人で着席することと，自分が設定したものではない目的で（ここでは，「お誕生会」を開く＝設定保育を行うという目的で）座ることは異なる。

すなわち，家庭で身につけた身体的習慣としての着席行動は，保育園での集団生活を通して，「他者とともに一斉に座ること」「保育者などの話を聞くために座ること」「設定保育に参加するために座ること」「全員で昼食を食べるために座ること」といったように，保育活動を構成する諸実践に組み込まれ，それらを動機とする行為となるはずだ。

このように，イスに座るという単純な行動には，個々の子どもにとってのその時点での動機が反映されているものと思われる。すると，4月から6月にかけての変化とは，子どもたちがイスに座る際に起こる動機の何らかの変化として理解できるのではないか。

イスに座る行動を「着席行動」と呼び，その3ヵ月間の変化を検討してみよう。ただ，着席の様子を言語的に記述することはまず困難だ。言語的に説明しようとすると，とたんに「がちゃがちゃした様子」とか「しっとりと落ちついた雰囲気」といったように，個々人の行動を無視して全体を印象で語りがちだ。

そこでここでは，研究者の主観をなるべく入れず，子どもがある瞬間に座っているのか座っていないのかをとにかくひたすら記録していくこととした。ビデオの映像をじっと眺めて，1秒おきにそれを静止させる。その静止した一つのフレーム（映像のコマ）に

映っていた個々の子どもを確認して，そのおしりがイスの座面に接しているかどうかをチェックしたのである。接していればその子に「1」，接していなければ「0」を与える。このような手続きを「コーディング」と呼ぶ。その上で，1フレームごとに着席していた子どもの人数（さきほどのコーディングで得られた1と0をすべての子どもで足せば求められる）を子ども全体の人数で割って百分率を算出し，これを「着席率」とした。さらに，集団的な着席行動の動態を記述するために，着席率が時間に沿ってどのように変化したかを表す曲線を作成した。これにより，誰も着席していない状態（着席率が0%）から，全員が着席した状態（同100%）となるまでの過程を記述することができる。なお，保育者が「お誕生会」開始の宣言をした時点でコーディングを終了した。

　入園後の3ヵ月間で子どもたちの着席行動がどのように変化したのかを見てみよう。図6.2は，イスが並べられ始めた時点からの，着席率と並べられたイスの個数の秒単位の推移を表したものである。上から，4，5，6月を表している。

　図6.2から分かるように，イスが並べられ始めてから，全員が着席し，お誕生会が始まるまでの時間は，最初の2ヵ月はほぼ変わらなかったものの，6月になると急激に減少した。4月と5月では，全員が着席するまでにほぼ10分を要していたのに対し，6月には3分以内で全員が着席できた。実に7分の短縮である。一方で，子どもの人数分のイスが並べ終わるまでの時間は毎月ほぼ2分以内で終わっていた。ということは，イスがないから座れないという事態ではなかったということである。部屋の中に，座れる状態でイスはあった。にもかかわらず，最初の2ヵ月は全員が着席するのに時間を要した。

　素朴に考えると，4月に入園した子どもたちがイスへの着席行動をすばやく発揮できるようになったのは，園での生活を日々繰り

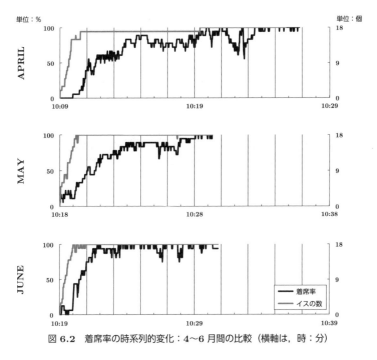

単位：%   単位：個

図 6.2 着席率の時系列的変化：4～6 月間の比較（横軸は，時：分）

返すなかで，生活のための行動パターンを獲得したり，園生活に関する「一般的出来事表象」（藤崎, 1995）を形成したりしたためだ，と説明できそうに思える。一般的出来事表象とは，出来事の定型的パターンについての知識である。お誕生会の場合，「月に 1 回開催される」「午前中に行われる」「自由遊びの後に準備をしてから始まる」「歌を歌ったりプレゼントが渡されたりする」「誰かがお誕生席に座る」といったように，出来事の反復可能な側面に関する知識が表象を構成する。確かに，傍目から見れば，この事態は「子どもがお誕生会の準備に関する一般的出来事表象を得て，その示すところにしたがって行動した」と言いたくなりそうである。しかし，果たしてそう簡単に言えるだろうか。

第5章で検討した一斉発話を思い出そう。個々の子どものふるまいを見てみると，全員がまったく同じことばを完全に同じタイミングで発していたわけではなかった。それでも外部からは斉一的なふるまいとして観察された。集団全体が斉一的な発話をしているように聞こえるときでも，個々人はバラバラな行動をとっている場合があるということである。

　この点から一般的出来事表象という考え方を見直してみよう。「朝の会には決まった唱え言葉で挨拶をする」「その唱え言葉は『せんせーおはよーございます』だ」といったように記述可能な知識は，確かに一斉発話に関する表象なのかもしれない。しかし，表象通りの行動がとられていなくても，その出来事が全体として実現していた。一般的出来事表象にはおそらく記述されていないはずの，「途中から言う」「黙っている」といった行動によっても出来事が実現していたのである。そのときどきの集団の状態に合わせて，子どもたちはさまざまな適応的行動を取っていた。一般的出来事表象は一斉発話という出来事の一部を説明できても，そのすべてを説明できるわけではない。

　同じことがお誕生会の準備にも当てはまるのではないか。子どもたち全員が共有する一つの知識に基づき，それを共通の目標として動いた結果として「全員がすみやかに座る」という出来事が成立していたのではなく，個々の子どもが異なる行動を取りながらも集団全体としてはまとまった運動ができていた，という可能性である。そこで，4月からの3ヵ月間で起きていた実態を調べてみた。

6.3 「だんだんに，ちゃんと」の内実

　4，5，6月の子どもたちの行動を映像から眺めていると気が付いたことがあった。

　4月の「お誕生会」が始まるまでは，イスに座らずに部屋の中を

動き回る子どもたちが目立った一方で，6月にはそのような子どもたちが観察されなくなっていた。「お誕生会」がすばやく準備できるようになるという集団的な変化の裏には，うろうろせずに座るようになったという個々の子どもの変化があるだろう。

　ただ，もう少し詳しく見てみると，4月の時点でもイスが並べられてすぐにちょこんと座る子どもも少なからずいた。すべての子どもがみな同じようにうろうろしていたわけではなかったのである。素朴に考えると，4月の時点ですばやく座れる子どもは，うろうろしている子どもにとっては行動のモデルとして機能するかもしれない。準備のために室内にイスが並べられてから，「座る子ども」と「うろうろする子ども」はそれぞれどのように影響を与えあっていたのかを検討する意味がありそうだ。

　そこで，個々の子どもの着席行動を，さきほどの着席率を別の角度から捉えて分析した。着席率とは，ある瞬間に，子どもたち全体の中で何割の子どもが着席していたかを数値で示したものだった。今度は，個々の子どもにおける，立った状態から座った状態への変化（着席行動），あるいは，座った状態から立った状態への変化（離席行動）に注目した。さきほど着席率を求めるのに用いたコーディングの結果に基づくと，着席行動は0から1，離席行動は1から0への変化として記述できる。直前の瞬間からの差の絶対値を個々の子どもごとに加算することで，準備中の子どもの行動の傾向を数量的におおよそ判断できる。たとえば，極端な例では，準備時間中の行動の変化が「1」だった子は，着席行動をとったら立ち上がることのなかった子どもである。ただ，行動変化のタイミングによっては，準備時間中ずっと座っていた場合と，しばらくの間うろうろしていてその後でようやく着席した場合がありうる。また，行動変化の数が多ければ多いほど，着席と離席の二種類の行動を反復していたこととなる。要するに，立ったり座ったりを繰り返してい

表 6.1　個々の子どもにおける姿勢変動数の 3 ヵ月間の推移

		4月					5月					6月		
	区間	A	B	C	D	計	A	B	C	D	計	A	B	計
	C1	6	1	9	5	21	1	6	0	0	7	欠席		
	C2	1	4	2	1	8	0	1	6	0	7	欠席		
	C3	1	0	0	0	1	1	0	0	0	1	1	0	1
	C4	1	3	3	1	8	2	0	0	0	2	7	0	7
	C5	3	2	0	14	19	3	2	4	0	9	1	0	1
	C6	1	0	0	1	2	9	0	6	0	15	1	2	3
	C7	0	9	0	2	11	3	8	6	0	17	7	2	9
幼児名	C8	4	0	0	1	5	0	0	0	3	3	1	2	3
	C9	0	1	0	2	3	0	1	0	0	1	1	0	1
	C10	1	2	0	7	10	1	0	0	0	1	3	0	3
	C11	2	5	1	11	19	0	0	1	4	5	1	0	1
	C12	0	1	2	5	8	1	0	0	2	3	5	0	5
	C13	0	0	0	2	2	1	0	2	0	3	1	0	1
	C14	5	8	2	7	22	1	2	0	0	3	9	0	9
	C15	9	12	2	7	30	4	3	0	0	7	1	0	1
	C16	13	8	8	3	32	7	2	4	0	13	1	1	2
	C17	0	7	2	7	16	0	23	20	4	47	7	2	9
	C18	0	1	0	1	2	8	5	4	0	17	5	0	5
	計	47	64	31	77	219	42	53	53	13	161	52	9	61

た，ということだ。このような数値を，ここでは「姿勢変動数」と
呼んでおこう。

　4月から 6月のそれぞれの月における個々の子どもの姿勢変動数
を示したものが表 6.1 である。ここでは準備過程全体を四つの時間
的区間に区分している。そうすることで，準備過程のどのタイミ
ングで子どもが着席（あるいは離席）したのかを判断することがで
きる。イスが並べられ始めてから 180 秒間隔で区間 A から D まで
の四つの区間に機械的に区切った。イスが並べられ始めてから 180
秒までを区間 A，181 秒から 360 秒までを区間 B，361 秒から 540
秒までを区間 C，541 秒から分析対象とした範囲の最後までを区間
D とした。なお，個々の子どもの ID を C1〜C18 の記号で示して
いる。

　まず，子どもがどの区間で最初に着席行動を取ったのかを見てみ

よう。それぞれの子どもがそれぞれの月で最初に着席したタイミングを，四角囲みで表 6.1 に示した。たとえば，4 月には 12 人の子どもたちが準備過程の最初の 3 分間（区間 A）のうちどこかのタイミングで着席したことが分かる。4 月には 18 名中 12 人が，並べられたイスにすみやかに座っていた。5 月では 13 名が，6 月にはすべての子どもが，区間 A で座っていた。

なかなか座ろうとしない子どもはいただろうか。区間 B～D を見ると，4 月は 6 名，5 月は 5 名の座るタイミングが，他の子どもたちに比べて遅かったことが分かる。もちろん 6 月はそういう子どもはいなかった。つまり，4・5 月にはイスが並べられ始めてから 3 分経ってもなお着席しない子どもたちが 5～6 名は存在していたものの，6 月までにそうした子どもがいなくなったのである。

では，4・5 月の準備過程が 10 分もかかったのは，なかなか座らない子どもたちがいたせいなのだろうか。どうも，そうした子どもたち「だけ」に責任を押しつけるのは公平ではなさそうだ。というのも，一度着席したにもかかわらず，その後も立ち上がったり着席したりを繰り返す子どもが，4 月にも 5 月にも多く存在していたためである。

このことは，区間ごとの姿勢変動数の推移（表 6.1 の最下行に示した合計）を見れば分かる。4 月は，区間 A から B にかけて増加し，そこから区間 C にかけて減少したものの，最終局面の区間 D で急増するという変化を見せていた。一方 5 月は，区間 A から B にかけて一度増加したものの，最終局面では減少していた（さらに言えば，5 月の区間 B，C における姿勢変動数の多さは C17 という特定の子の動きによるものだったことは注意しておいてよいだろう）。

この推移をことばで表現すると次のようになる。4 月には全員着席がほぼ達成されかけたにもかかわらず，その後，ほぼすべての

子どもが再び立ち上がったり座ったりを再開した。他方で5月は，再び姿勢を変え始めるという現象は生じず，子どもたちは座ったらそのままの姿勢を維持し続けた。実際，区間Dでも立ったり座ったりをなおも繰り返していた子どもは4名しかいない。

　これらのことから，「お誕生会」の準備過程が3ヵ月間で劇的に短くなったという現象は次の二つの現象の組み合わせによって生じていたと言えるだろう。第一に，なかなか着席しない子どもが次第に減ったという現象である。そして第二に，一度着席した子どもが次第に立ち上がらなくなったという現象である。言い換えると，全員による着席という集団的な身体配置は，個々の子どもが単にイスに座れば起こるのではなく，着席を維持するという子どもたちのある種の「努力」によって実現していたのである。

　もちろん，努力という点では，保育者である山田先生の努力にも触れておかねばならないだろう。先生は，「お誕生会」の準備過程を通して，特に4月や5月には，子どもの着席行動をうながす言語的なはたらきかけを頻繁に行っていた。たとえば，「〇〇ちゃん，座ろ」とか，「〇〇ちゃん座ることできないみたい」といったように。こうしたはたらきかけが，先ほどの表6.1で示した四つの区間のうちどのタイミングで起きたのかを分析したところ，4月には区間D，すなわち全体的に姿勢変動の多い最終局面では個々の子どもを宛先とした発話が多く見られた。一方で，5月には反対に，準備過程の最初の局面でそうした発話が多く見られたのである。ちなみに6月は，準備過程の始まりに子どもたち全体に向けて着席をうながした後は，ほとんど介入らしい介入はなかった。

　新入園児は，たとえ4月には落ち着きがなくとも，「だんだんに，ちゃんとする」（結城, 1998）ようになる。それがどのように起こるのか。保育園に入ったばかりの3〜4歳児が「お誕生会」というイベントの参加者として，イスが並べられたらすぐに座り，その

開始を座って待つようになる過程を3ヵ月間にわたって追跡した。姿勢変動数の推移を具体的に見てみると，6月までの間に起きた7分間の短縮は，なかなか座らない子どもの減少と，座り続ける子どもの増加が並行して起こることによって生じていたことが明らかになった。

　子どもにとって，座ることと座り続けることは違う。イスは，座ることを可能にすると同時に，そこから立ち上がることも可能にする。自由に動くことのできる子どもは，どちらを選択することも可能だ。4月の子どもたちは，両方を選んでいた。つまり，着席と離席を反復していた。対して，6月の子どもたちは，一方だけを選んだ。つまり，立ち上がることではなく，座ることを選択し続けた。

　保育実践としての「お誕生会」はこのような子どもたちの寄与によって達成されていた。山田先生の仕事は，子どもたちの行動のこのような変化に支えられていたのだ。

　では，子どもたちもまた，「お誕生会」の実現という共通の目標に向かって協働していたと言えるだろうか。つまり，子どもたちは設定保育活動に参加していたと言えるのだろうか。確かに，座り続けることは立ち上がらないことを選び続けた結果である。ここには選択の意志があると言ってよいだろう。自分たちが座り続けることにより，それまでは自由遊びのための空間であった部屋を，「お誕生会」というイベントのための会場として作り直すことができる。子どもたちは自分たちの身体の自覚的操作を通して，社会的な環境の集団的なデザインに寄与していた。

　しかしながら，保育という制度的実践への寄与はそのまま保育活動への参加を意味しない。家庭での子どもは，親の前に「子ども」として身を投げ出すことで親による子育て活動を可能にしていた。しかし，子ども自身の動機はきっと別なところにもあるはずだ。このことを，次節で示そう。子どもたちは保育活動に参加することな

く，保育実践を協働的に達成していた。では，子どもたちが参加していた活動とは何か。結論を先に言えば，それは，「遊び」である。

6.4　呼びかけという遊び

　座ることと座り続けることは違う。では，子どもたちはなぜ座り続けられるようになったのか。ここには，座り続けるという行動を子どもたちに選ばせる何かがあったはずだ。

　観察していると，「お誕生会」の準備中に，子どもたちは不思議な行動を繰り返し取っていた。ここでは便宜的に筆者が「呼びかけ」と呼ぶ子どもたちの行動を取り上げたい。

　だいたいの子どもたちが着席したものの，まだ何人かがうろうろしていたタイミングで，ある子が，着席したまま，どこかに向けて「おーい」「○○ちゃーん」と大きな声を出しながら片腕を前方に突き出し，手のひらを開いてひらひらとふった。すると，対面に座っていた子が，同じように手をひらひらさせる。要するに，手をふり合っていた。

　大人が同様の行動を取るのは，たとえば町の中の道を歩いていて，たまたま向こうから知った顔が歩いてくるのに気付いたときかもしれない。あるいは，混み合ったレストランでテーブルに着いていると，待ち合わせていた知り合いが店に入ってきたのに気付いたときかもしれない。大きな声を出したり，手をふったりして呼びかけるのは，その知り合いが自分を発見してくれるようにするための工夫である。一般に，私たちが他者に呼びかける行動をとるのは，自分の存在をその他者にとって気付きやすくするためだと考えられる。

　「お誕生会」の準備過程で見られた呼びかけは，ふだん大人が行う上記のような呼びかけ行動とまったく同じ機能を果たすものと言えるだろうか。筆者は，言えないだろう，と思う。

保育園の「お誕生会」の準備過程で見られた呼びかけとは，子どもがイスに腰掛けた状態で他の子どもに「おーい」などと声をかけたり，その子どもに向けて手をふったりする行動である（図6.3）。この行動は，3回の調査で毎回観察された。必ずしも特定の子どもばかりが行っていたわけではない。大きな声を出した場合は保育者が間接的に注意したことはあったものの，ほとんどの場合，呼びかけ自体を保育者が抑止することはなかった。

　この行動を取り上げた理由は，「お誕生会」の準備に直接必要な行動ではなかったからだ。準備を円滑に行おうとするならば，最も単純なシークエンスは，自由遊びの切り上げ → 片付け → イスの設置 → 着席という一連の行動から構成される。それ以外の行動はすべて不要だ。呼びかけもその意味では不要な行動の一つである。にもかかわらず，3回の調査すべてで出現したということは，これらの行動群が子どもにとって何らかの意味をもっていたものと考えられる。それはどのようなものだったのか。

　結論から言えば，準備する間に子どもたちが座り続けることと，その子どもたちが呼びかけをすることは，決定的な仕方で関連していたと考えられる。

　まず，3ヵ月のうち呼びかけが最も頻繁に生起した6月の準備過程の観察に基づいて，子どもの呼びかけがどのような特徴をもつものであったのかを示してみよう。図6.3に含まれる6枚の連続写真は，6月の準備過程において起きた呼びかけ生起場面のうち六つのシーンを抽出したものである。

　呼びかけの四つの特徴を挙げておこう。第一に，立ち上がっている子ではなく，着席をしている子どもが行うものであった。6月の観察日に呼びかけを最初に行ったのは，当月生まれの女児の左斜め前の座席に座っていた男児だった（図6.3①）。その際に男児は，「おーい」という声を発しながら，その女児に向かって手をふった。

① 1人の男児がお誕生日席の女児に手をふる
「おーい，おーい」

②手をふられた女児が手をふり返す

③お誕生日席の女児が正面を向き手をふる

図 6.3　6 月のお誕生会準備過程において観察された子どもたちの呼びかけ行動
（①〜⑥は時間的な順序を示す。写真中の丸印は強調のために付した）

④手をふられた別の女児が手をふり返す
「○○ちゃーん」

⑤①で手をふった男児が別の男児に手をふるのと同時に，
④で手をふった女児が隣に座る別の女児に手をふる

⑥①で手をふった男児とお誕生日席の女児，およびその他
の幼児たち（上の写真では 5 名）が互いに手をふる

図 6.3　（つづき）

この日最初の呼びかけが生起した3秒後に，今度はその女児が男児に向かって手をふり返した（図6.3②）。連続写真を見ると分かるように，呼びかけをする子どもはイスに座っていた。これ以前に行われていた自由遊びでは，子どもたちは自由に室内を移動することが山田先生によって許されていたが，お誕生会の準備にあたっては室内に並べられたイスに着席するよう要請されていた。準備過程において子どもたちには身体をイスに固定することが求められていたのである。

　呼びかけの第二の特徴は，呼びかける相手がいたことだ。図6.3の①および②で示されたシークエンスでは，男児は当月生まれの女児の方を向きながら手をふり，呼びかけを行っていたように見えたし，その女児はそれに対して手をふり返したように見えた。このように，あくまでも観察に基づく解釈の範囲においてであるが，子どもたちは呼びかける相手を指向していた。また，別のシークエンスにおいて，今度は当月生まれの女児が，正面に座っていた別の女児に向かって手をふり，その1秒後にその女児が手をふり返した（図6.3の③および④）。子どもの呼びかけは虚空に向かって行う独り言のようなものではなく，誰かが受け手として引き受けてくれるものだったと言える。

　呼びかけの第三の特徴は，呼びかける子どもと呼びかけられる相手との空間的な位置に関することである。図6.3の⑤の場面では，当月生まれの女児に呼びかけられていた女児が，今度は呼びかけ行動をとっていた。その相手は，観察した限り，その隣に着席していた女児であったように思われた。通常，私たちが手をふったり声を出したりして呼びかける際の相手は，呼びかけ行動をとる者の身体から物理的・心理的距離をおいた場所に存在している。すぐ隣に立つ人に大きな声で呼びかけるのは，相手の聴覚に何らかの障害があるときなどごく限られたケースだろう。しかし子どもたちは，近距

離にいる相手に対して手をふったり呼びかけたりする声を出していた。このとき私たちは，その行動に通常とは異なる独特の意味を見いだすはずだ。

　これら三つの特徴を総合すると，呼びかけという行動が生起する前提として，呼びかける子どもとその相手の双方の身体がイスに固定されていることが必要だったことが推測される。図6.3の⑤の場面で，隣の子どもに対して呼びかけたことの背景にあったのは，2人が物理的に遠く隔てられていたためではなく，両者の身体が「固定されて動くことができないこと」だったと推測できる。このことから逆に考えると，室内を自由に移動できる状態であれば，呼びかけ行動は生起しなかったはずだ。

　最後に，呼びかけの第四の特徴として，複数の子どもによって一斉に起こることが挙げられる。図6.3の⑥では，5人の子どもがお互いに呼びかけ行動をとっていた。すなわち，呼びかけ行動をとる者とその相手という二者関係は同時に複数生起していた。

　3ヵ月間でこの呼びかけ行動はどのように変化したのか。呼びかけ回数の変化を検討するために，便宜的に，手を下ろすまでの間，または，呼びかける声を連続して出していた間で区切り，その区間を1回の呼びかけとして各月の準備過程における呼びかけの回数をカウントした。

　準備過程において全員がイスに座るのに要した時間と，呼びかけの回数の3ヵ月間の変化を示したのが図6.4である。これによると，これら二つの変数が5月から6月にかけて大きくトレードオフの関係で変化していたことが明らかである。つまり，全員がすみやかに着席できていた時期に，もっとも多くの呼びかけ行動が観察された。

　観察された限り，このクラスの中で呼びかけが最初に起きたのは4月の準備過程においてだった。ある男児が着席した状態で，「お

ーい」と声を発しながら向かい合う形で座っていた当月生まれの女児に向かって手をふった。この男児が手をふる行動に先立って、それを引き起こしたと解釈可能な他者の行動は観察できなかった。言い換えると、男児は「唐突に」呼びかけを行ったように筆者には見えたのである。次に、男児の呼びかけが生起してから1秒後に、女児はこの男児に向かって手をふった。結局、4月においては、約10分間の準備過程のうちおよそ2分間で、4名の子どもによって合計5回の呼びかけが観察された。4名の内訳は、2名が当月生まれの子ども、2名が観客として着席していた子どもだった。5月の準備過程は4月と同じく約10分間継続していたが、そのうち6分間で、2名の子どもによって合計6回の呼びかけが観察された。6月になると準備過程は約3分間に短縮されたが、4, 5月とは大きく異なり、2分間で12名の子どもによって37回の呼びかけ行動が観察された。

　ここまでの分析をまとめてみよう。第一に、呼びかけは「お誕生会」の準備と並行して生起していた、子どもたちによる自発的な活動であったと考えられる。呼びかけは保育園の時間割に定められた活動を達成するために必要な行動ではなく、少なくとも観察した範囲では保育者が子どもたちに要求した行動でもなかった。すなわち、呼びかけは子どもたちが自発的に生起させ、繰り返し行っていた行動だった。この場ではお誕生会を円滑に開始させることが保育者にとっての目的であり、子どもたちはその実現に寄与していた。同時に子どもたちは、保育者の要求しない行動を広く展開していた。この行動は離れた場所に座る子ども同士の呼びかけあいという相補的パターンの単なる反復を超えて、たとえばすぐ隣に座る子どもに手をふるなどのバリエーションを生み出しながら、子どもたち全体に共有されていった。

　なぜ最初の子どもが呼びかけを始めたのかは分からない。4月の

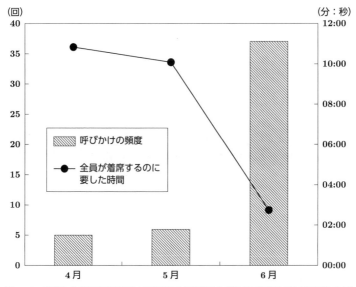

図 6.4　お誕生会準備過程における呼びかけ頻度および全員が着席するのに要した時間の 3 ヵ月間の変化

準備過程を観察する限り，その理由は「気まぐれ」と表現すべきものであったように見えるのだ。呼びかけにはその相手が必要であり，その相手と目された子どもは相補的に呼びかけ返すという行動をとることが期待される。ということは，気まぐれであったとしても，そこには伝播の可能性が初めからあったということだ。4月の段階で起きていたのは，1人の子どもの「気まぐれ」で生まれた呼びかけが相補的な関係性を前提としていた（会話分析における隣接対を思い出そう）がゆえに，行動パターンが呼びかける相手に伝播したという過程だったと言えよう。

　第二に，子どもたちによる自発的な活動ではあったものの，その前提としての条件は，同時に，設定保育という活動を開始するのに必要な条件でもあったということである。呼びかけが起こる条件

とは，まずは二者以上が着席していることである（立った子ども同士，あるいは着席した子どもと立った子どもの間では呼びかけは一度も観察されなかった）。さらに，呼びかけ合う子ども同士の物理的な距離は問題ではない（至近距離に着席する相手に対しても呼びかけがなされていた）ことから，重要なのは着席の結果として「移動できないこと」という前提だったことが推測される。

　身体をイスに固定させ，そこから動かさないことは，「お誕生会」の開始には必要な条件である。先述の通り，山田先生は準備過程を通して，着席しない子どもたちに対して直接的・間接的に介入を行っていた。着席行動は本来，「お誕生会」を実現するために保育者によって導入されたものである。それは，一対多の身体配置を実現するために子どもの身体を室内の一点に固定し，さらに当月生まれの子どもに身体の前面を強制的に向けさせて注目の焦点を一点にそろえるために導入されるものだろう。

　呼びかけという行動は，「お誕生会」の準備のために着席行動を導入することから派生する可能性をもった自発的な行動パターンと言える。もちろん，呼びかけは準備過程の必然的な帰結ではない。つまり，同様の準備過程を別のクラスや別の保育園で観察した場合に呼びかけは生起しないかもしれない。その意味では，今回の分析は，たまたま観察したクラスにおいて生起した偶然的な活動を対象としたものだった。ただし，子どもたちを斉一的に着席させて設定保育を行う限りにおいて，子どもたちの座席位置と身体の固定化は避けられない。すると，そうした場合は，たとえ「呼びかけ」ではないにせよ，身体の固定化を前提とする，大人の発想を超えた行動パターンが子ども集団の中に発生する可能性は大いにあるだろう。

　4月の時点で呼びかけという行動の生起可能性を発見し，実行に移したのはたった1人の子どもだった。しかしそれは単発の出来事として消滅せずに，他の子どもに模倣され，伝播し，反復され

ていった。その意味では，呼びかけという行動は子どもの「仲間文化」（Corsaro, 1997）の一部として取り込まれながら維持されたと考えることもできよう。

呼びかけ行動が上記のような特徴をもつとして，子どもたちにとってそれは端的に何だったのか。子どもたちは，イスを並べて生活する環境を構成しながら，それに応じてみずからの身体を再編成していた。その意味で，設定保育活動を構成する保育実践（＝「お誕生会」の開催）に寄与していた。しかし同時に，そこに直接的に寄与しない，いわば余剰の行動を用いて集団の中に余剰の実践を作り出していた。その余剰な行動が呼びかけである。

そもそも子どもたちは，準備過程に入る段階でお互いその存在にはじめから気付いている。「わたしはここにいるよ」「わたしはあなたの存在に今気付いたよ」と示し合う必然性はない。もし，相手に気付いてもらっていないと感じるなら，相手のそばに移動して注意を引けばよい。しかし，観察していると，呼びかけがなされた後，その両者の間で会話が始まることもなく，「それっきり」だった。つまり子どもたちは，互いの存在に気付いている相手同士で，ただ呼びかける行動だけをしたかったのだ，と考えられる。

一般的な呼びかけは，その後に会話をする，あるいは相手の存在に気付いたことを知らせるといった目的のための手段だった。他方で，子どもたちにとっての呼びかけは，それ自体が目的であり，同時に手段だった。普通，私たちはこのような行動を「遊び」と呼んでいる。また，第4章で述べたように，文化歴史的アプローチの概念を使えば，活動である。

要するに，子どもたちが行っていた呼びかけ行動とは，「お誕生会」の準備過程で出現していた「遊び活動」なのである。

保育園での活動間の移行過程には，複数の活動が生起し，同時に進行する可能性がある。観察された年少児クラスでは，それらは一

定の時間，調和的に並存していた。子どもたちは保育者の期待する行動（すなわち，着席し続けること）ができていたのだから，ある種のルールとしての行動パターンを習得しようとしていた，あるいは習得したと説明できるかもしれない。一方で，保育者の期待していない行動パターンもまた集団の中で反復させていた。たった1人の子どもの行動として起きた呼びかけは，呼びかけの相手に反響的に模倣され，その後，複数の子どもに伝播していった。観察されたクラスで起きていたことは，「お誕生会」の準備であったと同時に，そうではなかったのである。子どもたちは保育者の「たくらみ」に応じて環境を作り直し，その作り直された環境を利用して新しい活動の形態を誕生させた。新しく生まれた呼びかけという遊び活動は保育実践の遂行に適合的であったがゆえに，保育活動と遊び活動は全体として調和し，結果的に「お誕生会」のスムーズな開催が6月に成立したのである。とりあえず，このように結論しておこう。

　ここに因果関係を見ようとすることはさほど難しくはない。子どもたちが「お誕生会」の準備なるものを（一般的出来事表象のように）よりよく理解できるようになったからこそ，準備の間のいわゆる「ひまつぶし」として，より多くの者が呼びかけを行ったという可能性があるだろう。他方で，呼びかけという遊び活動への参加のための手段として，着席による身体の固定化が多くの子どもたちによって選択されたために，結果的に立ち上がる者がいなくなった，という見方も可能だろう。ある子どもは，呼びかけをしたいから早く座ったのかもしれないし，別の子どもは早く座ってしまったから呼びかけをしたくなったのかもしれない。個々人の経験の水準でどのような因果関係が認識されていたのかは分からない。ただ，個々人がいかなる動機をもっていようとも，結果的に集団的な協働を通して実践が全体として達成されていたのである。

保育実践が計画する目的的な活動が実際に展開され，保育者も子どももそこに関与していたことは確かである。ただ，視点を子どもの方に転じれば，お誕生会の準備は，呼びかけという新しい活動を創造する条件となるジャンピングボードとして機能していたのかもしれないのだ。保育園に参入する子どもは，そこで展開される保育活動を直接的に動機とするのではない。制度の用意する諸実践に適応的な行動をとるとともに，それらを利用して新たな行動や活動をみずから作り出していくのである。

6.5　やりたいことが違うから保育実践が成立する

　「お誕生会」は設定保育活動を構成する諸実践の一つにすぎない。しかしながら，そこには，一人ひとり異なる動機で動く子どもたちをまとめあげて一つのイベントに向かわせることや，一対多の身体配置を協働的に作りあげて他者の発話に注意を向けさせることなど，その後の学校教育でも観察される大人による教育的実践が埋め込まれている。入園後にこのイベントに直面する子どもたちにとっては，学校教育的実践に参加する（おそらくは）最初期の機会であろう。したがって，「お誕生会」の準備過程に起こるさまざまな出来事には，保育者のふるまいを子どもが意味づけ，同時に，子どものふるまいを保育者が理解する相互的な過程が観察されるはずだ。そして実際にそれは観察された。

　要約すれば，山田先生は子どもたちとともに室内にイスを並べることで子どもたちを着席行動に導いていた。4月と5月の2回の観察では，並べられたイスは子どもたちにとって単に周囲に置かれたものであったのかもしれない。おそらくそのとき子どもたちにとっては座ること以外にすべきことがあったのだろう。そうした子どもたちは，結局，「お誕生会」の直前まで室内をフラフラと動き回っていた。

他方で，座るものとしてイスを見ていた子どもたちもまた存在していた。ただ，そこには少なくとも3通りの見え方があったようである。一つ目は，「お誕生会」の開催に向けて座り続けるための手段である。二つ目は立ち上がるための手段である。準備過程が長引いていた4月，子どもたちは準備開始から9分を過ぎると再び室内をふらふらし始めた。このときイスは，着席状態を脱し，立ち上がることを可能にする手段となる。

　そして三つ目は，呼びかけという遊び活動のための手段としての着席行動を可能にするものである。このときイスは，遊びのためにはなくてはならないものとして子どもたちには映っているはずだ。なぜなら，座面への身体の固定そのものが呼びかけ遊びの重要な意味づけを担っているからだ。そのような意味をもつものとしてのイスは，子どもたちが遊びを始める前から存在していた，とは言えない。文化歴史的アプローチに立脚すれば，動機の発生と対象の特定は不可分である。子どもたちがイスに遊びの機能を，自覚的ではないにせよ，見いだしたまさにその瞬間，イスのもつ豊富なアフォーダンス群のうち，身体を固定するものとしての側面が子どもにとって前景化したのである。

　結果的に，子どもたちの呼びかけ遊び活動は，保育者が目指す設定保育活動を支えることに成功した。言い換えると，一部の子どもたちが遊んでいたから，「お誕生会」の準備過程はスムーズに進んだのである。準備過程における，子どもたちのやりたいこと（すなわち，動機や活動）と保育者のやりたいことは一致していなかった。にもかかわらず，並べられたイスに集団で着席し続け，「お誕生会」を開始するという全体的な作業は協働的に達成された。つまり，やりたいことが違うので，実践が成立したのである。

　このような事態は，他にも報告されている。たとえば，「片付け」だ。永瀬・倉持（2011）は，遊んでいたおもちゃなどの片付けに

ついて，保育園に参入したばかりの子どもにとってはそこに「楽しみ」を見いだすことを通してその実践に従事し続けられるのだと指摘する。

　保育者からすると，片付けは時間割に沿ってあらかじめ計画された行動だ。その一方で，自由遊びはそれを行う子どもや子ども集団の「遊びの流れ」に沿って展開される。このとき保育者にとっては，これら二つの時間の流れをどのように調整するかが問題となる。少なくとも保育者には，遊びの流れを途切れさせるか，それとも子どもの遊びの流れが自然に途切れるのを待つかという選択肢がありうる。

　他方で，子どもの主観的な体験からすると，保育者の用意した状況に参加しながらも，自分たちでその状況の中で遊びを生み出している可能性がある。実際に，数人で協力しておもちゃを運ぶなど，それ自体子どもの興味や好奇心を引くような作業が片付けの中には存在する（松田, 2006）。子どもにとっては片付けでありつつ遊びにもなっている，そうしたあいまいな意味づけがなされる実践として，片付けが行われることもありうる（砂上ら, 2012）。実際に永瀬・倉持（2011）は，保育園での片付け場面を観察し，保育者と子どもたちがテーブルの上に箱を一緒に載せる際に楽しそうな様子であったと報告している。さらに，観察対象となった保育者も，その際の活動を，片付けにのみ専心するというよりは遊びに近いものとしてとらえていたことも報告されている。

　片付けという活動においては，保育者が目指すこと（＝室内を整頓する）と，子どもが目標とすること（＝遊ぶ）とが，ずれている可能性がある。しかし，「お誕生会」の準備過程とまったく同様に，それらは共起し重なり合ったまま協働的な実践に組み込まれ，具体的な行動のレベルで相互に調整を繰り返しながら結果的に双方の目標が達成される。言い換えると，保育者と子どもたちはそ

れぞれ異なる活動に同時に参加し，それぞれの活動を達成しながらも破綻せずに全体の協働が進行するのである。

　保育園の新入園児たちがセレモニーやイベントにおいて「だんだんと，ちゃんとする」ようになる過程について，従来は漠然と，「表象の形成」「規則の内面化」「社会的場面への適応」などのような表現で語られていたように思われる。それらの表現によって指し示される現象と，本章で調査対象となった子どもたちに起きた3ヵ月間の変化はさほどずれてはいないだろう。子どもたちには何かしら表象が形成されたのかもしれないし，規則が分かったのかもしれないし，結局のところ，社会化したのかもしれない。ただ，いずれも子どもたちの内面的変化を指し示す概念である限り，結局，具体的な社会的・物理的状況がいかにして成立していたのかを説明し尽くすことはできない。一般的出来事表象の議論で見たように，内面的表象は行動の生起も不生起も説明できてしまうからである（知っていたから，あえてやらなかった，といったように）。

　子どもに何らかの内面的変化が起こらないと言っているわけではない。むしろ，子どもの精神的発達には内面的変化が不可欠だ。しかし内面的変化が精神的発達をすべて説明するのでもない。大人たちが子育てのための制度的実践を行い，その全体を完成させるように子どもたちが動く。しかしながら，そのためになされる動きは子ども自身の動機が要求する動きとはずれている。このズレは，子どもにおいて，行動の選択を迫るものとなるだろう。目の前に並んだイスに座るのか，それとも周囲でウロウロする子どもたちとともにいるためにそこから立ち上がるか，それともイスに座って手を振る子どもたちとともにいるためにやはりイスに座り続けるか。ここに選択の余地ができる。そして選択は，文化歴史的アプローチにしたがうなら，自覚を生みだす原動力となる。

　子どもが保育実践につきあうことは，単に大人にとって有用とい

うわけではない。子どもが大人につきあうことは、つきあうべきか否か、つきあうとしたら自分の動機にどのように「折り合い」をつけるべきかを決める契機となる、そのような可能性をもつ経験なのである。

第7章 子どもにとって, 子育てとは何か

　本書では，次の三つの子ども像を提示してきた。

(1) 大人による諸活動のリソースとしての子ども

　大人は，文化的に持続し，社会に流通する「子ども概念」をリソースとして会話実践を行う。大人の目の前に物理的に投げ出された子ども的な身体もまた，リソースとなりうる。

(2) 大人による諸活動が成立するよう行動する子ども

　子どもは，みずからの行為を調整し，大人の行う制度的実践を成立させる。発話を差し控えて夫婦間会話を成立させ，発声を調整して一斉発話を成立させる。

(3) 独自の動機によって環境を対象化し，活動を展開する子ども

　子どもの活動によっては，大人の行う活動そのものがリソースとなりうる。たとえば，保育園での「お誕生会」準備過程をリソースとして集合的な遊び活動が展開されていた。

　本書が提示したこれら三つの子ども像は，最終的に，「大人につきあう子ども」という概念に統合できる。子どもが大人と一緒にいるのは大人による子育て活動の対象であるからであり，大人がそのような活動を達成できるのは子どもがそれを支えるからである。子どもは全体として成立する実践をリソース／制約として独自の活動を行うのだが，子どもがその活動を行う限りにおいて大人にとって

の活動もまた破綻せずに遂行される。これが「子どもは大人につきあっている」という表現で指し示される出来事である。

　ここでは本書の議論を発展させ，子どものかしこさに文化歴史的アプローチからせまろうとする研究が今後目指すべき方向性について述べる。

7.1　無能／有能の二分法を超えて

　本書の議論の特徴の一つは，大人のエージェンシーを成立させるリソースとして子どもという存在を位置づけるという記述の仕方だった。大人が教師としてふるまえるのは，子どもが生徒としてふるまうからだ。大人が子育てできるのは，子どもが育児されるものとして存在しているからだ。相補性基準という有能さを持ち出したのは，このような記述を可能にするためだった。

　しかし，やはりこれは大人に依存している。もちろん事実として子どもは大人に依存しているのであるからしかたないが，もう少し積極的に子どもたちの主体性を描き出すことはできないか。

　そこで注目したのは，傍参与者という役割を引き受けて，夫婦の会話を成立させる子どもの事例であり，また，固定された座席を利用して「呼びかけ」ごっこを勝手に展開する保育園の子どもたちの様子だった。大人がしかける活動からあえて撤退すること。大人がしかける活動に乗り込み，それを勝手にずらし，遊びの文脈を作り出すこと。そのようにして子どもたちは，自分たちなりの世界の意味作りを行っている。このように考えられるだろう。

　子どもという存在を，子どもの呈するふるまいを，そして子どもの視点から見た世界を分析するための理論枠組みをいくつか挙げてきた。「子ども」というカテゴリーがいかにして社会的過程として成立するのか。大人たちとの協働的な実践の達成に際して，子どもがいかにして行動し，出来事の成立に寄与しているのか。そして子

どもがいかなる対象をこの世界の中に見ているのか。

「子ども」（childhood）という概念について扱う近年の社会学（Prout & James, 1990/1997/2015）や，それにルーツをもつコンピタンス・パラダイム（Hutchby & Moran-Ellis, 1998）は，「無能な子ども」という常識に抗するために「有能な子ども」という見方を提起した。

ただし，見方のこうした転換は「無能／有能」という二分法に依拠する。したがって，この二分法自体は温存されてしまう。それに対してプラウト（2017）は，無能か有能かの一方しか採用できない二分法的発想を乗り越えるよう提起する。なぜ二分法を避けるべきなのか。「無能」が構築されるものであるのと同じように「有能」もまた構築されるものであるからだ。この，構築過程そのものを見なければならない，とプラウトは述べる。この構築過程には，生き物としてのヒトの子どもの複雑さ，言説による構築や局所における相互行為，社会的諸制度や集団の歴史という大局的側面，そして，「発達」や「変化」という諸概念を用いて子どもを語ることが含まれる（Forrester, 2010; プラウト, 2017）。

子どもの発達や変化について，人々はどのように語るのか。これは，会話分析の背景にあったエスノメソドロジーの問いである。子どもが「無能」だと見なされるならば，そのとき人々は，そのように子どもを仕立てる何らかの具体的実践を行っている。「有能」についても同様である。

そうだとしても，すべてが語りに回収されるとは思われない。相補性基準を採用するならば，子どもを語る実践に当の子どももまた関与しているからである。「『無能／有能』であることを語る実践を可能にする有能さ」という入れ子状の表現は，落ち着きが悪いものの，子どもという存在の意味を常に流動化させる，あるいは過程として見ることを可能にするものだろう。

活動という，人間に固有な実践形態に着目した上で，環境内の外的な対象と同時に動機が立ち上がるとしたのが，心理学における文化歴史的アプローチの発想である。これに依拠し，家庭や保育園での子どもの行為を分析してきた。そのアプローチを主導するHedegaardらが指摘するのは，子どもの暮らす世界が基本的に社会的な要請にしたがって制度化されていることだった。つまり，大人は子どもを対象として何がしかのことを行いたい。しかし子どもは，特にそのようなことをしたいわけではない。単に巻き込まれているだけである。こうして，ある制度に複数の活動が存在することになる。これを調整する実践が，家族間会話でのタイム・ポリティクスや保育園での子どもによる遊びとして観察されたのだった。

　特にこの，遊びという活動は，それ自体を目的とした行為として定義可能であるが，筆者はここに，無能／有能という二分法を超えるための手がかりがあるのではないかと考えている。

　加用は，子どもにおける「お馬鹿行動」に着目する。それは，「どうでもいいような結果しか招かないことに多大な労力を払う（中略），大きな努力を払ったのにたいした結果しか得られない（中略），どうでもいいようなことに熱中したり大喜びしたりするなど…，そういった意味での落差の大きさが目立つ行動の総称（深い愛を込めた）」（加用，2016，p.26）である。たとえば，木の棒をもって誰かの靴をつり上げてうろうろする小学4年生の行動や，かさぶたをいじり取って，何度無視されてもその痕を見せようとする小学3年生の行動が，お馬鹿行動に該当する。

　これらの行動は，第1章で挙げた子どもの有能さの判断基準のうち，類似性や相補性といった基準には当てはまらない。「いい大人」とは類似していないし，大人と協働して何がしかを成し遂げるわけでもない（大人が見ていようがいまいが関係ない）。子ども本人にとって，いまここでお馬鹿行動を取るだけの理由があるのだと

したら，合理性基準に該当するのかもしれない。しかし，子ども本人にしても，どうしてそんなお馬鹿行動を取ってしまうのかよく分からず，うまく説明できないことの方が多いだろう。お馬鹿行動とは，要は，大人には（ときに，子ども本人にすら）その意味をうかがうことのできない，子ども一人ひとりに固有な興味や関心がほとばしって現れる行動と言えよう。

　これらの行動は，子どもに無能さを見たいと欲望する大人からすれば，まさに無能さに由来する愚かさの発露にほかならないだろう。有能さを見いだそうとする大人からしても，お馬鹿行動を目の当たりにするとその努力がくじけてしまうかもしれない。ああ，やっぱり子どもは子どもだ，と。

　しかし，子どものお馬鹿行動を見てもそうは思わない人々がいる。それは，同じ世代の子どもたちである。棒で靴をつり上げる小学4年生の姿を見て，同級生や，より年少の子どもはそれに畏敬の念を覚えるかもしれない。確かに私たちは，お馬鹿行動をとる子どもたちの「群れ」の姿を知っている。それはきっと，誰かが始めた行動を見て，模倣へと突き動かされるためであろう。そして私たちはすでに第6章でそのような子どもたちの姿を見た。呼びかけ遊びがそれだ。1人の子どもによる呼びかけは，その相手が受けることで完結してしまう。だから，それ以上持続しなかったかもしれないのだ。しかし，観察した保育園では呼びかけ行動が他の子どもによっても模倣され，結果的にクラスの一部の子どもたちに伝播していった。

　すぐ目の前に座る友だちに対してあえて「おーい」と呼びかけるという，集団の中の1人の子どもの取った一見すると無意味な行動が，結果的に，設定保育実践を成立させ，保育者による活動の一部を構成していた。子どものお馬鹿行動は，それ自体で見れば確かに無意味かもしれないが，ときに出来事を動かす潜在的な力を発揮

する。ここに，無能と有能の二分法を超えて子どもを記述する枠組みが成り立ちそうだ。つまり，帰結を予期せずにある行動を取るというある種の無謀が，結果的に出来事を動かすという図式である。

7.2 子育て活動と文化歴史的アプローチ

本書冒頭で投げかけた問いは，「子どもにとって，子育てとは何か」というものだった。子どもは大人による子育て活動の対象だが，その活動は子ども自身の動機に基づいたものではない。では，子どもにとって子育てとは何なのか。

重要なことは，何かが集合的に成し遂げられること，そこから個々人の可能性が開かれていくことである。本書に一貫していたのは，人々が参加する社会的制度やその実践の全体的な構造の成立機制に寄与する個々人の具体的なふるまいを記述するという分析態度だった。まずは全体として集合的に何がなされているのかに着目し，それが個々人のいかなる行為によって達成されているのかを分析したのである。

文化歴史的アプローチに立つと，以下のように子育て活動を記述することができる。この活動の最も基本的な社会的関係は1人の大人と1人の子どもである。ただし両者は直接的に関係するのではなく，文化歴史的存在としての人間が蓄積してきた媒介物を媒介して関係する。ここでの媒介物とは，道具，心理的道具としての記号，そしてそれらを用いる実践である。Hedegaard（2001）は人間の活動に組み込まれるそれら媒介物をまとめて「制度的実践」と呼んでいる。

人間にとって子育てとは，生物として種を維持するのに必要な営みであるというだけでなく，私たちがこれまでに構築してきた社会や文化の伝統によって組織された活動である。私たちは，子育てのための道具や習慣，そのための知恵を伝えることばやメディア，そ

れらを包括した物理的・社会的環境を集合的に作り出し，それに合わせて子育て活動を方向づける。そうした大人にとって子どもは動機の対象であり，子育てという実践的文脈に位置づけられた存在としてそれを見る。言い換えると，単純に子どもと一緒にいたとしても，人は子育てをしていることにはならない。子育てという制度的実践を媒介して子どもという対象に向かうとき，その人は「子育てをする大人」として位置づけられ，みずからをそのような存在として変革するのである。

　一方で，人間の子育て活動の対象は人形でもないし，ペットのネコでもない。大人と同じ，人間である。ただ「子ども」と呼ばれる点だけが違うだけだ。文化歴史的アプローチに立てば，子どももまた，媒介物を通して対象的世界と関係する。大人と違うのは，子どもにとっての対象的世界を媒介する制度的実践がおそらく「子育て」ではないという点である。

　しばしば，大人と子どもの関係は非対称であると言われる。身体的な力や知識の量など，確かに前者は後者を圧倒する。両者のコミュニケーションの前提には，確かに決定的な非対称性がある。何しろ，大人がいなければ子どももまた存在しない。

　確かにそうなのだが，出生を経た後の対面的相互行為に舞台が移ると，この非対称性は，それを主導するのは誰なのかという問いに転じる。子どもを対象として見て，関係を維持し続けようとするのは子育て活動をする大人である。この関係の中で子どもは大人の活動に巻き込まれている。であるから，子どもがその関係から逃れるような動きをすれば，大人にとっての活動はたちまち破綻する。にもかかわらず，多くの子育て活動は破綻にまでは至らず，大人と子どもはどうにかこうにか生きている。

　それはひとえに，子どもが大人につきあっているからである。動機がずれている大人が2人いたとき，他者の活動に合わせて自己

の行動を調整することを「つきあう」と呼ぶ。大人と子どもの関係においても同じである。子どもには子どもの動機があり，それに応じて世界を対象化している。世界と子どもとを媒介するものは大人とは異なるだろう。大人にはまったく興味のそそられないティッシュが，0歳児にとっては強烈に面白い対象となる（だから無限にティッシュを箱から引き出そうとする）。そのような子どもが大人とともに相互行為に参加し，まがりなりにも一つの協働的実践を成立させるとき，その状態を「つきあう」と呼んでさしつかえないだろう。

　大人が子どもにつきあっていないかと言えば，もちろん，つきあっている。私たちは常に同時に複数の制度的実践に関与している。たとえば筆者は，父であり，勤め人であり，教員であり，地域に住む人である。家庭，大学組織，講義室，町内会という，大きな社会が用意する制度的実践に何らかの仕方で参加しているからだ。同時に複数の実践に参加する限り，複数の動機を同時にもつことがありうる。ときにそれらは矛盾する。たとえば，学内のミーティングと，保育園に子どもを迎えに行くことが時間的に重複したとき，これら複数の活動の間で大きな矛盾が起こる。最終的に，子どもを迎えに行くことを選択したとしたら，「筆者は子どもにつきあっていた」と言えるだろう。

　文化歴史的アプローチに立つと，こうした矛盾は個人の精神的発達の契機となると同時に，その個人を含む全体的システムの変化を引き起こす契機となる（Fleer & Hedegaard, 2010; Hedegaard, 2009）。仕事と子育ての間の矛盾を通して，スケジュールの調整や，職場から保育園への移動手段の模索といった新たな実践が出現する。学内のミーティングをしなくてもよい立場へ異動するなど，矛盾した状態を超越するために新たな文脈が作り出されるかもしれない。現在の文脈にとどまっていたとしても，目的を達成す

るために現在できることは何か，逆に現在できないことは何かを判断することは，自己の限界への自覚をうながすだろう。そのフラストレーションは，何らかの変化を起こす契機として十分だと思われる。

　大人が子どもにつきあうことは，大人自身の変化のきっかけになる。だとすると，子どもにとってもそうではないか。子どもが子育てという大人の活動につきあうことは，実は，子ども自身の変化に寄与しうるのではないか。

　この点について，第1章で例に挙げた介護から考えてみよう。介護を受ける「高齢者にとって，介護とは何か」と問われれば，「高齢者が生きるために必要なものだ」「高齢者ご本人のために行われるものだ」と即答されるだろう。それらは実際には介護をする側がみずからの行為の正当性を述べるときに持ち出す答えである。徘徊して危険な目に遭わないようにすることが「本人のため」だから，部屋に寝かせておく。「生きるために必要」だから，胃瘻を処置する。それらは介護という活動を遂行する上で必要なことである。

　一方で，高齢者には高齢者の動機があるはずだ。ここにいたくない，あるいは，どこか行きたいところがある。だから，家を出て歩き出すのだし，食べたいものを食べたいのだから食べるのだ。それはときとして結果的に「徘徊」と呼ばれるかもしれないし，結果的に誤嚥や肺炎を引き起こすのかもしれないけれど。考えてみれば，そうした動機はいま健康でいる成人と同じである。高齢になったからといって，動機が消えるわけではない。

　これらの高齢者の動機は，介護者の動機と一致しない。介護者にしてみれば，高齢者がこの現在を安らかに過ごしてくれることが目指すところだろう。このように動機がずれながらも介護実践はよどみなく達成されている。細馬（2016）による介護における協働の分析はそこに焦点を当てていた。

その場の実践は協働的に達成され，うまく回ったとしても，動機のズレそれ自体が解消されるわけではない。解消されないということは，しかしながら，実践の成立以前と動機が変わらず同じままであることを意味しない。ここが重要である。

　介護者の手助けを得て車いすにうまく乗ることのできた高齢者には，それに乗って外出し，満開の桜を見に行きたいという動機が生まれるかもしれない。介護者には，満開の桜を見せて高齢者を喜ばせたいという動機が生まれるかもしれない。つまり実践の達成は，それに携わる参加者において，新たな動機や活動の可能性を生じさせる。ゆえに，「高齢者にとって，介護とは何か」と問われたら，こう答えられるだろう。すなわち，それにつきあうことを通して，やりたいことが変わるかもしれない，そのような機会だと。

　子育てもまた同じように考えられる。子どもにとって子育てとは自分にとっての活動ではない。しかし，それにつきあうことは，自分にとっての活動やその背後にある動機が変わる機会となるのである。大人との会話の成立に寄与した子どもには，次にまた大人と会話したいという動機が生まれるかもしれない。一斉発話の成立に寄与した子どもには，保育者による保育実践に不可欠なメンバーとして自己を規定したくなる（つまり，クラスの一員となる）かもしれない。そして，準備過程の途中で呼びかけ遊びが成立した子どもたちは，さらに別の遊びを探索したくなるかもしれない。

　大人と子どもの協働は，ヴィゴツキーをはじめとして，古くから子どもの精神発達の社会的起源と目されてきた（ヴィゴツキー，2001）。文化歴史的アプローチは，世界の対象化とその背後にある動機の変化という観点で精神発達に関する理論を打ち立てた（レオンチェフ，1975; 1980）。本書は彼らの理論に基づき，「子育て」というどこにでもある大人の活動の対象としての子どもから，構図を描き直そうとしたものなのである。

7.3 子どもの声と不同意

　本書が検討した大人と子どもの間の会話は，近年，心理学や教育学のみならず，社会学や言語学，人類学といった諸領域で注目されている対象である。日本国外では研究が進められ，出版された学術書も多い。しかし国内ではまだ細々とした状況である。

　そうした中で出版された高田・嶋田・川島（2016）は，子どもの「責任」の発達というテーマを取り上げ，責任の萌芽を発達初期の家族間会話に探そうとした論文集だ。子どもと養育者との関係を観察や分析の単位として，子どもを含む日常生活の成立機序が明らかにされている。そこで注目される場面の一つが，大人と子どもの間の相互理解の不成立という事態だった。

　　　子どもと養育者の関わりには，相互行為における不同意や誤解といった小さな「トラブル」がつきものである。だがトラブルは，両者が相互に調律・調整を繰り返し，それを乗り越えることによってしばしば「感動」に変わる。こうした関わりの積み重ねは，子どもと養育者の関係性に変化をもたらし，次第に大きなうねりとなって文化を（再）創造していく。

　　　　　　　　　　　　　　　　（高田・嶋田・川島, 2016, p.4 より）

　高田らのこの表現にあるのは，養育者と乳児の間の相互行為を通して，「文化」が創り上げられていくという発想である。一方で，その過程において生じる「相互行為における不同意や誤解」は，乗り越えられる「トラブル」として言及される。推測するなら，高田らはこうした「トラブル」を起きてはならないネガティブなものとしては捉えていない。むしろ，そうしたトラブルが生起するからこそ，養育者と乳児が相互行為を引き続き行う意義が両者にとって感じられるはずであるし，その「調律・調整」はローカルな文化構築には欠かすことのできない過程として捉えられている。

しかし，「不同意や誤解」それ自体をどのように捉えるかという点については慎重になるべきだ。もしも，「不同意や誤解」という事態を，大人に理があり，子どもが正されていく出来事として記述するならば，それは素朴で一方的な観察態度だろう。

　重要なことは，当人たちにとって有意味な物事は何かという観点である。この点をめぐる綱引きが乳児と養育者の間で行われている。不同意や誤解とは，端的に言えば，養育者が子どもにとって意味あることを大事に思わず，同時に，養育者の見る世界を子どもは意に介さないという事態である。これが不同意や誤解という事態である。しかし，不同意や誤解があるという理解は成立している。ここにコミュニケーションの根源的な基盤がある。そのような主張をしたのが，フランスの哲学者ランシエール（2005）だった。以下，ランシエールによる政治論である『不和あるいは了解なき了解』の第3章に基づいて議論する。

　次のような社会的な出来事をイメージしていただきたい。ある自治体の土地に，発電所をつくることになった。その土地に元から住んでいた人々は猛反対。他方，同じ自治体に住みながら，この計画に賛同する人々もいた。行政側はこの計画を進める側だった。

　ある日，地元民への説明会が開かれた。公民館のホールのような場所に机とイスが並べられる。ホールの前にはスーツの行政担当者，イスにはジャンパーを着たおじさん，おばさん。意見を異にする両者がちょうど向き合うように座り，対立が図式的に示される。担当者がマイクを持ち，「皆様方におかれましてはこのたびの計画についてなにとぞご理解ください」と発言した。1人のおじさんが「そんなんじゃ，とうてい納得できんぞ」と声を荒げた。結局両者は物別れに終わり，発電所は完成したのであった。これまで，日本のどこかで見てきたような風景である。

　ランシエールによる『不和あるいは了解なき了解』の3章は，

「不和はなぜ生じるのか」と題される。彼の言う「不和」（la mesen-
tente，英語では disagreement）は，「不同意」のことである。さ
きほどの架空の場面に出てきた行政担当者の「ご理解ください」と
いうことばと，実は関係がある。筆者は，このことばを聞くたびに
そこには命令の語調しか感じ取ることができずにいた。「理解せよ」
とは「服従せよ」という意味なのか。

　ランシエールの議論によれば，政治とは，対話の場において起こ
る出来事である。対話の場において，何がロゴス（＝合理性，言
語）で何がロゴスでないのかについての係争が起こり，線引きがし
直されるのである。

　このような見方は，政治的合理性をめぐる次のような考え方への
批判になっている。すなわち，利害の一致しない私とあなたが「互
いに言表を聞き，そう言表させた行為を理解し，この理解を支える
間主観的関係を引き受ける」（p.82）ような対話の場を通して政治
的な合理性が達成される，といった考え方である。冒頭の話に登場
するおじさんが行政担当者を「あんたも立場上，そう言うしかない
よねえ」と理解し，反対に行政担当者がおじさんのことを「住んで
いる所が危険にさらされるのはいやだよねえ」と理解する。それぞ
れの感覚を両者が信じることを通して，合理的な解決へと前進する
というわけである。

　こうした考え方とは異なり，ランシエールの考える政治的対話と
は，その場にいる人々が「理解する」ということばを通して理解す
ることの「ズレ」によって基礎づけられる。「理解」ということば
の違いを通して支配関係があらわになることもあれば，そこからオ
ルタナティヴな状況が生み出される可能性もある。そうランシエー
ルは言う。

　冒頭の行政担当者の「ご理解ください」を例にとってみよう。本
来，「事情を理解すること」と「理解した上で，同意もしくは反対

すること」は別のことだ。しかし，担当者の発話は語用論的には「有無を言わさぬ命令」として機能する。そして実際にこの発話が語用論的にうまく機能したとき，そこではすでに，ロゴスを所有する人と，それを理解するが所有しない人のあいだの分割＝共有が達成されていたことになる。おじさんの意見がどうであれ，担当者は聞く耳をもたない。

　一方で，行政担当者の発言に対し，もしもおじさんが「よし，わかった」と言うとすると，それもまた語用論的に複数の機能をもつ。まずそれは，「あなたの発話を聞き取れたこと」の表明である。ランシエールはその他に，ざっと四つの機能を挙げている。筆者なりに言い換えると次のようになる。(1)「私とあなたは同じことばを共有していることを理解していること」の表明，(2)「あなたの発話が命令であることを理解していること」の表明，(3)「あなたは自分のことばが私にも通じると信じている，そう私は理解していること」の表明，(4)「あなたは私が『うん』と言うことしか期待していないはずなのに，『いいえ』とも答えられるような質問形式を用いることによって，あたかもその返答が私の自由意思で選ばれたものであるかのようにしむけている，つまりあなたは私をだまそうとしている，そう私は理解していること」の表明の四つである。

　要するに，お互いに「理解する」ということばを使い，合意が形成できたかのように見えるその場が，実際には「理解する」ということばにかかわる食い違い，すなわち「不和＝不同意」として成り立っているのである。このように「あらゆる政治的議論と討議的係争の核心には，言語の了解が何を含意するかについての第一の争いがある」(p.90)。

　この係争は，互いの「話す存在としての平等そのもの」(p.91)に基づいて起こるものである。ゆえに不平等は平等から生まれる。このように主張する点で，ランシエールは「不平等であるから係争

が起こるのだ」といった単純な論理とは一線を画する。問題は，言語的に不平等な主体同士の間に相互理解をつくれるのかどうかにはない。問題は，その主体の口から出る音が言語かどうかという点にある。それが係争の焦点である。

　そもそも，架空の例として挙げた「説明会」という場は対等な討議の場ではない。少数の役人と，大勢の住民とが相対する配置は，顔の見える前者の主体性に対して，後者の有象無象さを際立たせているように思われる。では，行政と住民とがそれぞれ政治的主体として平等に相対することのできる対話の場をつくることは可能なのか。可能ならば，どのようにして？

　これら二者が平等な存在である，という感覚をもつ人はいない。そういう世界観そのものがこれまでになかったからである。二者の間に共有されているのは，二者が分割されているという感覚である。したがって住民は，あたかも平等な主体としての「住民」が存在する「かのように」語るのである。この「かのように」は，次のようになされる。すなわち，支配関係を成立させる言語的な平等性（支配関係は，言語による命令―服従が起こるところに成立する。すなわち，命令者も服従者も同じ言語を解する点で平等である）は共同的な対話の場の存在を証明する。にもかかわらず，そのことをあなたは認めない（前述した「理解した」のコノテーションの（4）にあたる）。要するに，「あなたが私＝住民を政治の勘定に入れないことが間違いなのだ」と主張するのである。このときに現れる「私＝住民」なるものは，そこではじめて，支配者と並ぶ平等な政治的主体として立ち上がる。これが，「かのように語ること」の指す出来事である。

　したがって，私とあなたの間に討議すべき問題があるのかどうか，ということがまず討議の対象となる。

　このことは，社会におけるさまざまな存在のありかた，行為のあ

りかたについての「感性的なもの」を再び配置し直すことにつながる。というのも，討議すべき問題があるかどうかの討議は，発せられたことばの受けとられ方をずらし，変えることを意味するからだ。この討議は，ロゴスの内部においては達成しえない。ロゴスと感性的なものとの結びつきを解きほぐし結び直すような行為として成し遂げられるのである。「政治的対話の証明の論理は，不可分に表出の美学でもある」（p.103）。言い換えれば，政治的な対話とは「これまでになかった世界観を言葉を通して作り出す」ことに他ならず，その意味で詩的なものでもある。ランシエールの言うように「政治は原理において美学的なのである」（p.104）。

　ながながとランシエールの議論を解説してきたが，ここでの論点は大人と子どもの間の相互行為にも敷衍しうる。そのように筆者は考えている。あなた（大人にとっての子ども，子どもにとっての大人）の発したそのことばは，ことばなのか。その問いを論ずること，それ自体が発話の合理性を保証する事態となる。これが不同意（disagreement）の中身である。あなたの語る内容が正しいとか，語るあなたの態度が悪いから内容がどうあれ受け付けないとかいう話ではなく，そのことばをことばとして認めるかどうか，という事態である。

　大人は子どもの泣きや叫びをことばとして感じるのか。反対に，子どもは早口でなされる大人の発声に何らかの秩序を見いだすのか。大人と子どもは，互いに，しかも同時に，感性的な領域において世界の線引きを行っている。このとき互いの不同意とは，「何がことばか」をめぐる不同意である。大人にすれば自分たちの話すことばが「ことば」だ。しかしそれは子どもも同じである。子どもにしてみれば自分の表現が「ことば」だ。ここには，何がことばかをめぐるせめぎ合いがある。

　第2章で議論したように，エスノメソドロジーで言う「自然言

語」とは，「社会学者の言語」に対比される，市井の人々が日常的な事態を説明するのに用いる言語である。大人の用いる自然言語は，「社会的に未熟な存在」「認知的に無能な存在」として子どもを語ることを可能にする。Forrester（2010）の分析した家族では，幼い子どもと大人による会話実践がそうした「自然言語」を媒介としてなされていた。自然言語を媒介物とする大人は，幼い子どもが何を発声しようとも，それを子どもの未熟さの徴候として理解するはずだ。子どもが何かを言ったとして，大人は「ああ，はいはい」と「理解」を示すものの，「はいはい」の語用論的な意味は，両者のことばの不一致に関する理解の表明である。

　Wootton（1997）が言うように大人と子どもは相互に理解を積み重ねていくこともある。ここで言う「理解」とは，「同一の表象の共有」などではなく，「互いに一致していなかったことを認めること」と言い換えられよう。それはお互いが世界に対する線引きをし直す作業を導く。文化歴史的アプローチの用語を使えば，主体にとっての世界に以前とは異なる対象，異なる動機が生じる。文化歴史的アプローチは，ここに子どもの精神発達の契機を見たのだった。

　また，第4章で見た「タイム・ポリティクス」が「時間の政治学」であることにも注意しよう。親子の間の会話を通して展開されていたのは，シャワーを浴びることとテレビを観ることの間に，何らかの形で感性的な線引きをする繊細な作業と，ときに苛烈な交渉であった。親からすれば，シャワーを浴びずにテレビを見続ける子どもの要求は「ご理解ください」と言いながら退けられるべきものである。他方，子どもからすればシャワーを浴びるように迫る親の要求こそ「ご理解ください」と言って退けられるべきものだ。

　家族という制度的実践においてこのような交渉がなされるとき，そこで構築されるのはその実践を媒介する制度＝ロゴスであろう。

人間の実践に先立って制度が厳然と存在するのではない。それは，たとえば生活時間のスケジューリングといった，人々の具体的実践を通して交渉されるとともに，その実践を導く媒介物として共有されていくものなのである。

7.4 沈黙とことば

本書の冒頭に挙げた，教室でのコミュニケーションに戻ってみよう。一般に，学級というのは少数の大人と多数の子どもによって構成される。こうした集団のあり方が，コミュニケーションの進み方を制約する。たとえば，教師による問いかけに，多数の子どもが同時多発的に返答することがある。一人ひとりの子どもにとっては，自分の答えこそが教師の問いに対する返答である。しかしこのとき教師は，複数の返答を同時に自分の返答とすることができない。そこから選ばなければならないのである。こうした出来事は，実に些細なものだ。おそらく日本のみならず世界各地の教室で見られる普遍的なものだろう。しかし同時にとても興味深い出来事でもある。

このとき教師が行っていることは，どういうことか。おそらくは，複数のことばのなかから，自分の発する問いと同格のことばを「返答」として選択することである。と同時に，それ以外のことばを「それ以外のもの」として脇に置いておくことでもある。この「それ以外のものとして脇に置くこと」が問題を含むのである。

「それ以外」の指すところが「教師の発すること以外」であるならば，脇に置かれたことばは端的にことばではない。であるから，たとえ「音声」としては聞こえていたとしても「ことば」としては聞かれない。「それ以外」の指すところが「たまたま選ばれた子ども以外」であるならば，それは「別の機会には『返答』に値するものとして取り上げられる可能性のあることば」としてみなされる。このように，授業中のコミュニケーションにおいては，ある

人の発することばについての見方や感じ方が複数ありうる。複数ある見方や感じ方のうち，子どもたちはどのような見方・感じ方を選び取っていくのかが問題なのである。ことばについての見方や感じ方をめぐる思索であるから，原義的に「感覚学」（aesthetics）と呼んでよいだろう。エステティクスのこのような使い方は，ランシエール（2005）によるものである。

　授業中に自分の発する音声が「ことば」として扱われない。教師には自分の発する音声が聞こえている（うるさい！と言ったりするから分かる）にもかかわらず，ことば同士のやりとりが成立しない。もしも子どもが，このような出来事を繰り返し経験した場合，自分の発することばについてどのような見方・感じ方を選んでいくのだろうか。自分では「ことば」として発している音声が「ことば」にならない恐れ，それはことば以前の沈黙を選び取らせるのではないか。なぜなら，黙っている限り，自分が「授業のことば」を発する者かどうかの判断が永遠に先送りされるからである。

　「何がことばか」をめぐるせめぎ合いにおいて，最も扱いづらいものが「沈黙」である。それは物理的にはことばの不在である。しかし，聞き手にその解釈が全面的にゆだねられるため，象徴として扱われたとたん，あらゆることばをそこに読みとることができてしまう。ある議題に対するサイレント・マジョリティの態度が賛成なのか反対なのかをそれぞれの陣営が勝手にかれらに読み込む事態を考えれば分かるだろう。

　「子どもが何を考えているのか分からない」。大人にはそのように感じられるかれらの沈黙は，子どもたちによって選び取られたものかもしれない。実際に，本書の分析で明らかにされたのは，大人同士の会話への参入を留保し，結果的に「沈黙」を選び取った子どもの姿（第3章），他の子どもたちが一斉に発話をしているときに「沈黙」を選び取ることで場の全体を成立させるのに寄与して

いた子どもの姿（第5章）だった。沈黙とは行為の不在ではない。文化歴史的アプローチに基づけば，それは活動への参加として見なすことができる。

　本書は，沈黙する子どもにおいて，大人たちのしていることにただ寄与するのではなく，そこにその子ども自身の「声」を聞き取ろうとする試みでもあった。認知科学がこれまでの探究の中で子どもに「かしこさ」を見いだしてきたことは第1章で述べた通りである。本書は「子どものかしこさ」という概念の指すものを可能なかぎり拡張する試みであった。もし，本書が認知科学に少しでも貢献する点があったとしたら，それは，認知科学者にとって子どもが発する「ことば」とは何なのか，認知科学者は何を「ことば」として見なしているのかについて，もう一度考えるきっかけを与えたことにあるだろう。子どもの「したいこと」は何なのか。それを大人は「声」として聞くのか。子どもは何を「声」として発しているのか。大人は何を「声」として聞くのか。

　子どもの口から出る音や，激しく動くその手足だけでなく，大人を見つめる目に，触れる肌に，体温に，そのにおいに，その子の「声」を聞き取る。大人自身が発達するためにも，それは必要なことなのである。

引用文献

阿部耕也 (1997). 会話における〈子ども〉の観察可能性について.『社会学評論』, **47**, 445-460.

アリエス, フィリップ　杉山光信・杉山恵美子 (訳) (1980).『〈子供〉の誕生：アンシァン・レジーム期の子供と家族生活』. みすず書房.

有元典文・岡部大介 (2008).『デザインド・リアリティ：半径 300 メートルの文化心理学』. 北樹出版.

Aronsson, K. (2018). Daily practices and the time politics of family life. In M. Hedegaard, K. Aronsson, C. Højholt, & O. S. Ulvik (Eds.), *Children, childhood, and everyday life: Children's perspectives (second edition)*. 37-53. Information Age Publishing.

Aronsson, K., & Cekaite, A. (2011). Activity contracts and directives in everyday family politics. *Discourse & Society*, **22**, 137-154.

Aronsson, K., Hedegaard, M., Højholt, C., & Ulvik, O. S. (2018). Re-thinking development: Situated studies of children's perspectives. In M. Hedegaard, K. Aronsson, C. Højholt, & O. S. Ulvik (Eds.), *Children, childhood, and everyday life: Children's perspectives (second edition)*. 1-13. Information Age Publishing.

Baillargeon, R., Spelke, E. S., & Wasserman, S. (1985). Object permanence in five-month-old infants. *Cognition*, **20**, 191-208.

Bateman, A., & Church, A. (Eds.) (2017). *Children's knowledge-in-interaction: Studies in conversation analysis*. Springer.

ブルデュー, ピエール　石井洋二郎 (訳) (1990).『ディスタンクシオンⅠ/Ⅱ：社会的判断力批判』. 藤原書店.

ブルーナー, ジェローム　寺田晃・本郷一夫 (訳) (1988).『乳幼児の話しことば：コミュニケーションの学習』. 新曜社.

Butler, C. W., & Wilkinson, R. (2013). Mobilising recipiency: Child participation and 'rights to speak' in multi-party family interaction. *Journal of Pragmatics*, **50**, 37-51.

Clark, H. H. (1996). *Using language*. Cambridge University Press.

Corsaro, W. A. (1997). *The sociology of childhood*. Pine Forge Press.

榎本剛士 (2012). 多層的相互行為としての「ボーナス・クエスチョン」：教室におけるメタ語用的言語使用という視点から.『社会言語科学』, **14**(2), 17-30.

Ervin-Tripp, S. (1979). Children's verbal turn-taking. In E. Ochs, & B. B. Schieffelin (Eds.), *Developmental pragmatics*. 391-414. Academic Press.

Fantz, R. L. (1958). Pattern vision in young infants. *The Psychological Record*, **8**, 43-47.

Filipi, A. (2009). *Toddler and parent interaction: The organisation of gaze, pointing, and vocalisation*. John Benjamins.

Fleer, M., & Hedegaard, M. (2010). Children's development as participation in everyday practices across different institutions. *Mind, Culture, and Activity*, **17**, 149-168.

Forrester, M. (2010). Ethnomethodology and adult-child conversation: Whose development? In H. Gardner, & M. Forrester (Eds.), *Analysing interactions in childhood: Insights from conversation analysis*. 42-58. Wiley-Blackwell.

フーコー，ミシェル　田村俶 (訳) (1977).『監獄の誕生：監視と処罰』. 新潮社.

藤﨑春代 (1995). 幼児は園生活をどのように理解しているのか：一般的出来事表象の形成と発達的変化.『発達心理学研究』, **6**, 99-111.

Garfinkel, H., & Sacks, H. (1970). On formal structures of practical actions. In J. C. McKinney, & E. A. Tiryakian (Eds.), *Theoretical sociology*. 338-366. Appleton Century Crofts.

ゴッフマン，アーヴィン　丸木恵祐・本名信行 (訳) (1980).『集まりの構造：新しい日常行動論を求めて』. 誠信書房.

Goffman, E. (1981). *Forms of talk*. University of Pennsylvania Press.

Goodwin, C. (1981). *Conversational organization: Interaction between speakers and hearers*. Academic Press.

Goodwin, M. H., & Cekaite, A. (2013). Calibration in directive/response sequences in family interaction. *Journal of Pragmatics*, **46**, 122-138.

Goodwin, M. H. & Goodwin, C. (2013). Nurturing. In E. Ochs, & T. Kremer-Sadlik (Eds.), *Fast-forward family: Home, work, and relationships in middle-class America*. 151-173. University of California Press.

Gordon, C. (2003). Aligning as a team: Forms of conjoined participation in (stepfamily) interaction. *Research on Language and Social Interaction*, **36**, 395-431.

Hedegaard, M. (1999). Institutional practices, cultural positions, and personal motives: Immigrant Turkish parents' conceptions about their children's school life. In S. Chaiklin, M. Hedegaard, & U. J. Jensen (Eds). *Activity theory and social practice*. 276-301. Aarhus University Press.

Hedegaard, M. (2001). Learning through acting within societal traditions: Learning in classrooms. In M. Hedegaard (Ed), *Learning in classrooms: A cultural-historical approach*. 15-35. Aarhus University Press.

Hedegaard, M. (2009). Children's development from a cultural-historical approach: Children's activity in everyday local settings as foundation for their development. *Mind, Culture, and Activity*, **16**, 64-81.

Hedegaard, M. (2012). The dynamic aspects in children's learning and development. In M. Hedegaard, A. Edwards, & M. Fleer (Eds.), *Motives in children's development: Cultural-historical approaches*. 9-27. Cambridge University Press.

Heller, V., & Rohlfing, K. (2017). Reference as an interactive achievement: Sequential and longitudinal analyses of labeling interactions in shared book reading and free play. *Frontiers in Psychology*, **8**: 139. doi: 10.3389/fpsyg.2017.00139

細馬宏通 (2014). 相互行為としてのページめくり. 『認知科学』, **21**, 113-124.

細馬宏通 (2016). 『介護するからだ』. 医学書院.

Hutchby, I., & Moran-Ellis, J. (1998). Situating children's social competence. In I. Hutchby, & J. Moran-Ellis (Eds), *Children and social competence: Arenas of action*. 7-26. Falmer Press.

Hymes, D. H. (1972). On communicative competence. In J. B. Pride, & J. Holmes (Eds), *Sociolinguistics: Selected readings*. 269-293. Penguin Books.

伊藤崇 (2012). 小学校国語授業での一斉読みにおける個々人の読み方の調整過程. 日本教育心理学会第 54 回総会発表論文集, 11.

岩崎婉子 (2001). 「言葉の獲得に関する領域」の問題点. 高杉自子・柴崎正行・戸田雅美 (編) 『新・保育講座 10 保育内容「言葉」』. 165-192. ミネルヴァ書房.

James, A., & Prout, A. (Eds.) (1990/1997/2015). *Constructing and reconstructing childhood: Contemporary issues in the sociological study of childhood*. Routledge.

James, A., Jenks, C., & Prout, A. (1998). *Theorizing childhood*. Polity Press.

城綾実 (2018). 相互行為における身体・物質・環境. 平本毅・横森大輔・増田将伸・戸江哲理・城綾実 (編) 『会話分析の広がり』. 97-126. ひつじ書房.

Jordan, B., & Henderson, A. (1994). *Interaction analysis: Foundations and practice*. IRL Report No.IRL94-0027.

Kangasharju, H. (1996). Aligning as a team in multiparty conversation. *Journal of Pragmatics*, **26**, 291-319.

加用文男 (2016). 『子どもの「お馬鹿行動」研究序説』. かもがわ出版.

Keel, S. (2015). Young children's embodied pursuits of a response to their initial assessments. *Journal of Pragmatics*, **75**, 1-24.

串田秀也・平本毅・林誠 (2017). 『会話分析入門』. 勁草書房.

レイン, ロナルド 彌永信美 (訳) (1979). 『子どもとの会話』. 海鳴社.

Lave, J., & Wenger, E. (1991). *Situated learning: Legitimate peripheral participation.* Cambridge University Press.

レオンチェフ, ア・エヌ　松野豊・西牟田久雄 (訳) (1975).『子どもの精神発達』. 明治図書出版.

レオンチェフ, ア・エヌ　西村学・黒田直実 (訳) (1980).『活動と意識と人格』. 明治図書出版.

Lerner, G. H. (2003). Selecting next speaker: The context-sensitive operation of a context-free organization. *Language in Society*, **32**, 177-201.

Lompscher, J. (2002). The category of activity as a principal constituent of cultural-historical psychology. In D. Robbins, & A. Stetsenko (Eds.), *Voices within Vygotsky's non-classical psychology: Past, present future.* 79-99. Nova.

前田泰樹・水川喜文・岡田光弘 (編) (2007).『エスノメソドロジー：人びとの実践から学ぶ』. 新曜社.

松田純子 (2006). 子どもの生活と保育：「かたづけ」に関する一考察.『実践女子大学生活科学部紀要』, **43**, 61-71.

Matsui, T., Yamamoto, T., & McCagg, P. (2006). On the role of language in children's early understanding of others as epistemic beings. *Cognitive Development*, **21**, 158-173.

McDermott, R. P. (1993). The acquisition of a child by a learning disability. In S. Chaiklin, & J. Lave (Eds.), *Understanding practice: Perspectives of activity and context.* 269-305. Cambridge University Press.

Mehan, H. (1979). *Learning lessons: Social organization in the classroom.* Harvard University Press.

Meltzoff, A. N., & Moore, M. K. (1977). Imitation of facial and manual gestures by human neonates. *Science*, **198**(4312), 75-78.

森口佑介 (2014).『おさなごころを科学する：進化する幼児観』新曜社.

茂呂雄二 (2012). 活動：媒介された有意味な社会的実践. 茂呂雄二・有元典文・青山征彦・伊藤崇・香川秀太・岡部大介 (編)『ワードマップ　状況と活動の心理学：コンセプト・方法・実践』. 4-10. 新曜社.

永瀬祐美子・倉持清美 (2011). 集団保育における遊びと生活習慣行動の関連：3歳児クラスの片付け場面から.『保育学研究』, **49**, 189-199.

Neuman, S. B., & Fischer, R. (1995). Task and participation structures in kindergartens using a holistic literacy teaching perspective. *The Elementary School Journal*, **95**, 325-337.

Ninio, A., & Bruner, J. (1978). The achievement and antecedents of labelling. *Journal of Child Language*, **5**, 1-15.

Ninio, A., & Snow, C. E. (1996). *Pragmatic development.* Westview Press.

西阪仰 (2001).『心と行為：エスノメソドロジーの視点』. 岩波書店.

Ochs, E., & Kremer-Sadlik, T. (2015). How postindustrial families talk. *Annual Review of Anthropology*, **44**, 87-103.

Ochs, E., & Schieffelin, B. B. (1984). Language acquisition and socialization: Three developmental stories. In R. Shweder, & R. A. LeVine (Eds.), *Culture theory: Essays on mind, self, and emotion*. 276-320. Cambridge University Press.

Ochs, E., Solomon, O., & Sterponi, L. (2005). Limitations and transformations of habitus in child-directed communication. *Discourse Studies*, **7**, 547-583.

O'Reilly, M. (2006). Should children be seen and not heard?: An examination of how children's interruptions are treated in family therapy. *Discourse Studies*, **8**, 549-566.

Peak, L. (1991). *Learning to go to school in Japan: The transition from home to preschool life*. University of California Press.

Prout, A. (2011). Taking a step away from modernity: Reconsidering the new sociology of childhood. *Global Studies of Childhood*, **1**, 4-14.

Prout, A., & James, A. (1990/1997/2015). A new paradigm for the sociology of childhood?: Provenance, promise and problems. In A. James, & A. Prout (Eds.), *Constructing and reconstructing childhood: Contemporary issues in the sociological study of childhood*. 6-28. Routledge.

プラウト，アラン　元森絵里子 (訳) (2017).『これからの子ども社会学：生物・技術・社会のネットワークとしての「子ども」』. 新曜社.

ランシエール，ジャック　松葉祥一・大森秀臣・藤江成夫 (訳) (2005).『不和あるいは了解なき了解：政治の哲学は可能か』. インスクリプト.

リード，エドワード・S　細田直哉 (訳)・佐々木正人 (監修) (2000).『アフォーダンスの心理学：生態心理学への道』. 新曜社.

ロゴフ，バーバラ　當眞千賀子 (訳) (2006).『文化的営みとしての発達：個人，世代，コミュニティ』. 新曜社.

Sacks, H. (1992). *Lectures on conversation*. Blackwell.

Sacks, H., Schegloff, E. A., & Jefferson, G. (1974). A simplest systematics for the organization of turn-taking for conversation. *Language*, **50**, 696-735.

サックス，ハーヴィー　北澤裕・西阪仰 (訳) (1989). 会話データの利用法：会話分析事始め. G・サーサス，H・ガーフィンケル，H・サックス，E・シェグロフ『日常性の解剖学：知と会話』. 93-173. マルジュ社.

サン=テグジュペリ，アントワーヌ・ド　倉橋由美子 (訳) (2005).『新訳　星の王子さま』. 宝島社.

坂上貴之 (2011). ある心理学方法論に見る陥穽と処方箋：「サリーとアンの問題」「裏切り者検知」「不公平嫌悪」をめぐって. 慶應義塾大学三田哲学会 (編)『自省する

知：人文・社会科学のアクチュアリティー』. 33-59. 慶應義塾大学出版会.

Schegloff, E. A., & Sacks, H. (1973). Opening up closings. *Semiotica*, **8**, 289-327.

Schegloff, E. A., Jefferson, G., & Sacks, H. (1977). The preference for self-correction in the organization of repair in conversation. *Language*, **53**, 361-382.

Shultz, J. J., Florio, S., & Erickson, F. (1982). Where's the floor?: Aspects of the cultural organization of social relationships in communication at home and in school. In P. Gilmore, & A. Glatthorn (Eds.), *Children in and out of school: Ethnography and education*. 88-123. Center for Applied Linguistics.

Sidnell, J., & Stivers, T. (Eds.) (2013). *The handbook of conversation analysis*. Blackwell.

Siegal, M., & Beattie, K. (1991). Where to look first for children's knowledge of false beliefs. *Cognition*, **38**, 1-12.

シーガル，マイケル 外山紀子 (訳) (2010). 『子どもの知性と大人の誤解：子どもが本当に知っていること』. 新曜社.

Spelke, E. S., Breinlinger, K., Macomber, J., & Jacobson, K. (1992). Origines of knowledge. *Psychological Review*, **99**, 605-632.

砂上史子・秋田喜代美・増田時枝・箕輪潤子・中坪史典・安見克夫 (2012). 幼稚園の片付けにおける実践知：戸外と室内の片付け場面に対する語りの比較. 『発達心理学研究』, **23**, 252-263.

高田明・嶋田容子・川島理恵 (編) (2016). 『子育ての会話分析：おとなと子どもの「責任」はどう育つか』. 昭和堂.

高木光太郎 (2011). L. S. Vygotsky による発達の年齢時期区分論の特徴と現代的意義. 『発達心理学研究』, **22**, 391-398.

高木智世 (2008). 相互行為の中の子どもの発話. 串田秀也・定延利之・伝康晴 (編) 『「単位」としての文と発話』. 133-167. ひつじ書房.

高木智世 (2011). 幼児と養育者の相互行為における間主観性の整序作業：修復連鎖にみる発話・身体・道具の重層的組織. 『社会言語科学』, **14**(1), 110-125.

高木智世 (2016). 子どものエスノメソドロジー・会話分析. 稲垣佳世子・河合優年・斉藤こずゑ・高橋惠子・高橋知音・山祐嗣 (編) 『児童心理学の進歩 2016 年版』. 251-272. 金子書房.

高木智世・細田由利・森田笑 (2016). 『会話分析の基礎』. ひつじ書房.

高梨克也 (2009). 参与構造. 坊農真弓・高梨克也 (編) 『多人数インタラクションの分析手法』. 156-171. オーム社.

Tates, K., & Meeuwesen, L. (2000). 'Let Mum have her say': Turntaking in doctor-parent-child communication. *Patient Education and Counseling*, **40**, 151-162.

Varenne, H., & McDermott, R. (Eds.) (1998). *Successful failure: The school America builds*. Westview.

ヴィゴツキー, レフ 柴田義松・藤本卓・森岡修一 (訳) (1987).『心理学の危機：歴史的意味と方法論の研究』. 明治図書.

ヴィゴツキー, レフ 柴田義松 (訳) (2001).『思考と言語 新訳版』. 新読書社.

ヴィゴツキー, レフ 柴田義松・宮坂琇子・土井捷三・神谷栄司 (訳) (2002).『新児童心理学講義』. 新読書社.

Wartofsky, M. W. (1979). *Models: Representations and the scientific understanding*. Springer.

Wimmer, H., & Perner, J. (1983). Beliefs about beliefs: Representation and constraining function of wrong beliefs in young children's understanding of deception. *Cognition*, **13**, 103-128.

Wootton, A. J. (1997). *Interaction and the development of mind*. Cambridge University Press.

結城恵 (1998).『幼稚園で子どもはどう育つか：集団教育のエスノグラフィ』. 有信堂高文社.

Zinchenko, V. P. (1985). Vygotsky's ideas about units for the analysis of mind. In J. V. Wertsch (Ed.), *Culture, communication, and cognition: Vygotskian perspectives*. 94-118. Cambridge University Press.

おわりに

　本書の編集をご担当された高木光太郎先生から「本を書きません
か」とご連絡をいただいたとき，2016年に博士論文を提出したばか
りだった筆者は，それを下敷きにして書き直せば1冊になるだろ
ろう，という目論見があったので，お引き受けした。しかし甘かっ
た。その論文はどちらかと言えば教育学的なインプリケーションを
もつものだった。一方で，このシリーズはあくまでも認知科学の内
容で書かねばならない。さて困った。

　それから足かけ3年，ようやく書き上げたのが本書である。難
産だったが，博士論文にも組み込んでいた家族会話の研究（第3
章），一斉発話の研究（第5章），お誕生会の準備過程の研究（第6
章）を並べ，「子育て」というキーワードを思いついたら一つのス
トーリーが作れそうな気になった。そこからは割とすんなりいった
ように思う。

　方法論的なサブストーリーとして，エスノメソドロジー・会話分
析の活動理論による拡張，あるいは活動理論の会話分析による具体
化もねらってみた。どちらも研究者による勝手な意味づけにたより
ずに当事者による出来事の説明を分析に用いる点，そして現代の認
知科学の方法論として一定の地位を占める点では共通している。

　これら両方を方法論として要したのは，ひとえに，子育てという
対象の特質によるものである。子育てがなぜ行われるのかと問わ
れれば，生物学的な種や社会や制度的実践という諸概念を持ち込ま
ざるを得ない。特定の親と子が家庭という一つの場に共在する理由
をエスノメソドロジーや会話分析は何も説明しない（そういう概念

を排除することを目指しているのだから当然だ）。他方で，どのように それが行われているのかを説明する活動理論の諸概念は粗すぎる。行為や操作といった概念はあるものの，何がそうなのかは研究者の恣意的な分析に委ねられる。子どもの視点を取ると言いながら，大人にとっての死角が作られやすい。ここでは，徹底的にボトムアップに出来事の社会的秩序を記述する会話分析が有用だと思われる。

それでもやはり，エスノメソドロジー・会話分析は社会学の問いに，活動理論は心理学の問いに対して，それぞれ答えようとして生まれた方法論だ。知りたい問い，見たい対象が異なる二つの論を接合するのは無謀，というよりもお互いを歪める危険性もあるだろう。筆者が最も懸念するのは，実はここである。読者の批正を仰ぎたい。

筆者は現在（2020年），中学生男子と小学生女子とともに暮らす日々を送っている。直接的にケアをするという意味での子育ては一段落したような気になっているものの，一方で私たちの社会が有する家族制度における制度的実践としての子育てはまだまだ続く。子どもの就職や結婚の心配，加えてその後の孫育てまで，私たちの子育て活動に含まれる実践は，より長期化，多様化し続けている。

多様化したとはいえ，それでも，乳幼児期を少数の大人と共に過ごす家族的諸制度や，幼児期から児童期にかけて少数の大人と多数の同輩たちと共に過ごす学校的諸制度は，ポスト工業化社会を生きる大多数の子どもたちが共通して経験するものだ。そうした諸制度に巻き込まれた当の子どもからの世界の見え方を，筆者にとって馴染みのある文化歴史的アプローチという枠組みを用いて描き出そうとしてきた。その試みがうまくいったかどうか，読者の判断をあおぎたい。せめて，子どもにかかわるすべての大人がみずからの実践を振り返る際の手助けになれば，と願っている。

本書の元となった研究は，以下の助成を受けて実施された。金銭面でのサポートもさることながら，「提案したような研究をしてもよい」というお墨付きを得た感覚が，筆者を勇気づけてくれた。

2005 年度科学研究費補助金・若手研究（B）「集団内の幼児による会話の組織化過程の微視的分析:参加役割の取得と付与に注目して」（研究課題番号：17730377）
2009 年度科学研究費補助金・若手研究（B）「社会認知的エコロジーとしての教室への適応過程:参加役割の習得に注目して」（研究課題番号：21730511）

　本書で紹介した調査にご協力くださった，A 園，B 園，そして X 家のみなさんには，一研究者のわがままにおつきあいくださったこと，深く感謝申し上げます。

　本書成立までに直接・間接に多くの方からの支援をいただいた。担当編集委員の高木光太郎先生は遅々として進まない筆者の様子を心配するメールを何度も何度もくださった。高木智世先生（筑波大学）からは貴重なコメントをいただいただけでなく，いくつかの修正点も指摘していただいた。特に，筆者にとってこころもとない会話分析について取り上げた第 2 章や第 3 章の議論を洗練させることができた。深く感謝申し上げます。また，及川智博先生（名寄市立大学），岩田みちる氏（北海道大学大学院教育学院）からも貴重なコメントと修正点をいただいた。貴重な時間を割いておつきあいくださいましたことに感謝申し上げます。

　第 3 章で使用している家族会話場面を表したイラストは，イラストレーターのかんざきかりん氏（https://kanzakikarin.com/）の筆によるものだ。家族の日常を生き生きと描いてくださった氏に深く感謝申し上げます。

　本書の産みの苦しみを解消するためには紳士淑女の社交の場が筆

者には必要だった。札幌バスセンター裏創業 90 年「第三モッキリセンター」のみなさんや，円山裏参道のさらに裏「円山ママ」のマスターには酒とつまみを介して筆者におつきあいいただいた。

　最後に，ここまでの学究生活を支えてくれた多くの人々，特に父母，妻，2 人の子どもたちへ。今まで私につきあってくれてありがとう。これからもよろしく。

　2020 年 5 月

札幌にて

伊藤　崇

索　引

著者

伊藤　崇（いとう　たかし）

2003 年　筑波大学大学院心理学研究科 単位取得退学

現　　在　北海道大学大学院教育学研究院 准教授，博士（心理学）

専門分野　発達心理学，言語発達論

主要著書　『学びのエクササイズ 子どもの発達とことば』（ひつじ書房，2018），

『状況と活動の心理学：コンセプト・方法・実践』（茂呂雄二ほか 編，

新曜社，2012）

越境する認知科学 4

大人につきあう子どもたち
―子育てへの文化歴史的アプローチ
Exploring Child-Rearing Practices
from the Perspective of Children

2020 年 5 月 25 日　初版 1 刷発行
2024 年 5 月 1 日　初版 2 刷発行

検印廃止
NDC 007.1, 143, 371.4

ISBN 978-4-320-09464-2

著　者　伊藤　崇　ⓒ 2020

発行者　南條光章

発行所　**共立出版株式会社**
郵便番号　112-0006
東京都文京区小日向 4-6-19
電話　03-3947-2511（代表）
振替口座　00110-2-57035
www.kyoritsu-pub.co.jp

印　刷　大日本法令印刷
製　本　ブロケード

一般社団法人
自然科学書協会
会員

Printed in Japan

越境する認知科学

全13巻

日本認知科学会【編】鈴木宏昭【編集代表】・植田一博・岡田浩之・岡部大介・小野哲雄・高木光太郎・田中章浩【編集委員】

共立出版

※定価、続刊の書名、著者名は予告なく変更される場合がございます